Alternatives Behaviors Clinical practices

代替行動の臨床実践ガイド

「ついやってしまう」「やめられない」の
〈やり方〉を変えるカウンセリング

横光健吾／入江智也／田中恒彦 ― 編

北大路書房

少し長い「はじめに」

変化をマネジメントする最善の方法は、自ら変化をつくりだすことである[1]

P・F・ドラッカー

本書を手にとっていただきありがとうございます。あなたにこの本を手にとらせ、ページをめくることを動機づけているものは何でしょうか。カバーや帯に書かれた文章がきっかけとなっているでしょうか？　あるいは本書に記載されているような支援法について学びたいと考えてのことでしょうか？　「この手の本はとりあえずすべてチェックすることにしている」という方もいらっしゃるかもしれません。

この本では「代替行動」をテーマに、さまざまな問題に直面している方々や疾患を抱えている方々への心理学的支援方法について、臨床心理学や関連領域の研究者・実践家による解説が行われています。編者らは、本書を読むだけで、目の前であたかも「代替行動」をテーマにしたワークショップが開かれ、そこに参加しているような印象を持っていただけるつくりになるように本書を構成しました。読者の皆様におかれましては、最初から時間をかけてじっくりと通読していただくのはもちろん、なかなか読書に時間を費やすことができない場合には、目次を開いて興味を引かれたところ、自分が主に関わっている領域

〈1〉Drucker（2002）／上田惇生〔訳〕（2002）

や、今現在困っている問題についての章をつまみ読みしていただいても構いません。そうやってまずは一つの章を読んでみることから始めていただき、その後、他の章にも目を通していただけると幸いです。複数の章を読むと「なんだか似たようなことが書かれている」と感じられることもあるかと思います。そう感じられた方は本書を貫いている基本原理をご理解いただけると思いますし、基本原理を身につけることによって、今度はさまざまな問題に対応ができるようになることを実感できると考えています。

心理療法と代替行動

この本のテーマである「代替行動」という言葉は、そのまま意味を読み取ると「代わりとなる行動」となります。「〝行動〟という言葉がついてるんだから、どうせ認知行動療法系の話なんでしょう?」とお考えの方もいらっしゃると思います。察しがよいです。確かに本書の執筆者は基本的には、認知行動療法や応用行動分析をはじめとする認知行動系のアプローチ（以下、行動的アプローチと総称します）を専門としている者が中心となっています。しかし、支援において代替行動の成立を目指すというアイデアそのものは、行動的アプローチのオリジナルというわけではありません。なぜなら、すべての心理療法は結局のところクライエントを新しい行動へと誘うことを目指しているといえるからです。伝統的な力動的心理療法においても、精神的健康の全般的な向上が目標であるとされていますし、その精神的健康の向上がどうやって確認できるかというと、「洞察できるようになる[2]ことや人生における主体感覚をもてるようになること」であると言われています。[3]あるいは、パーソン・センタード・アプローチを打ち立てたロジャースが治療的な過程が起こるための条件について論じていたことはご存じだと思いますが、ここで治療的な過程というのは「建設的な方向にパーソナリティが変化すること」を指しています。[4]パーソナリティとは、思考や感情なども含めた個人の行動様式の個人差を表すものを指しますので、パーソナリティの変化というのは、行動の変化と言い換えることもできます。このようにパーソン・センタード・アプローチで重視されている基本的態度というのは、クライエントの行動変化を引き起こすための環境設定であると言えます。より直接的に代替行動に言及している心理療法としては、ソリューション・フォーカスト・アプローチ（ＳＦＡ）があります。ＳＦＡの中心哲学は「うまくいっているのなら、変えようとするな。もし一度やって、うまくいったのならば、またそれをせよ。もしうまくいっていないのであれば、違うことをせよ」というもので、違うことをせよというのは、まさに「代替行動」を成立させることそのものを指すと言えるでしょう。

行動的アプローチにおける代替行動

そうは言っても、言葉の中に「行動」が入っていることからもわかるように、代替行動

〈2〉ここで言う「洞察できるようになる」とは、クライエントとセラピストが、協働でクライエントの背景と境遇を理解するための物語（narrative）を創造するプロセスを指しています。つまり、今までクライエントが理解していた情報をセラピストと共に書き換える作業であると言えます。先にあげた行動分析学における代替行動の定義からすると、特定の物語を語ることが強化されていることはまさに「代替行動」が強化されていると言うことができるでしょう。

〈3〉McWilliams（1999）／成田善弘〔監訳〕（2006）

〈4〉佐治・岡村・保坂(2007)

という言葉は行動的アプローチにおいて、よく耳にします。行動療法と行動分析学において、代替行動という言葉は、実は少し異なった意味を持っています。行動療法の文脈における代替行動は、「望ましくない行動の代わりに、それとは両立しない行動をすることで望ましくない行動を消去する」[5]手続きのことを指します。それに対して、行動分析学の文脈では「減少させようとする行動に置き換わるような行動」[6]とあるように、代替行動は行動そのものを指し、代替行動を増やす手続きについては代替行動分化強化(DRA: differential reinforcement of alternative behavior)という用語で説明されています。少し難しい言葉が続きましたが、大切なのは行動療法が代替行動を「問題行動を減らすために身につけさせる新たな行動」と考えているのに対し、行動分析学では「同じ目的（機能と呼びます）が期待できる、より受け入れられやすい行動」であると定めていることです。このような「問題」や「代替行動」の理解のされ方の違いは、当然、問題の理解や支援方法の違いにも影響してきます。本書の中で使われている「代替行動」がどちらのことを指すのか、読者の皆様はぜひ注意深く読み進めていただければと思います。

代替行動に注目することの強み

行動的アプローチにおいて「代替行動」を考えるときに共通していることは、行動を増加させる（強化する）手続きであるということです。先にあげた行動療法の定義でも、望

〈5〉VandenBos（2007）／繁桝算男・四本裕子〔監訳〕（2013）

〈6〉Deitz & Repp（1983）ある意味では行動のバイパスをつくる作業であると言えます。

ましくない行動の消去を狙ってはいるものの、手続きとしては「それとは両立しない行動をさせる」ことを指します。ＤＲＡも異なる行動を増加させるという手続きについては同じです。この視点を持つことがなぜ大切なのでしょうか。そこには積極的行動支援という考えがあります。積極的行動支援は、嫌悪的で強制的な介入によって問題となる行動を減らすことを最優先とするのではなく、生活スタイルの改善に向けたポジティブな介入を行うことで、個人の尊厳を尊重しながら、社会生活の中で無理のない適切な成果を生み出すことに注力します。つまり、何かを止めさせるための支援ではなく、何かをできるようにするための支援を行うというスタイルです。問題となる行動が減ったところで社会的に望ましい行動が増えるかどうかはわかりません。それなら、直接行動を増やしてしまおうというのが代替行動に直接介入する理由の一つです。

他にも、行動を強化させるアプローチを推奨するのには理由があります。ある行動を減少させる（消去）手続きは、望ましくない結果を呈示する、または望ましい結果を取り除くといった、嫌悪的な結果を用います。この方法は非常に成果が見えやすく魅力的な介入方法ですが、セラピストやセラピーそのものに対する嫌悪感情をクライエントに持たせてしまうという副作用があります。一方、代替行動を増加させる（強化）手続きは、望ましい行動を呈示する、または望ましくない結果を取り除くといった、クライエントにとって受け入れやすい結果を用いることから、セラピーを受けたり他者に相談したりするなど、支援を受けることそのものに対してもポジティブな効果が期待できます。

代替行動へのアプローチの方法

代替行動を増加させる手続きにはさまざまなものがあります。例をあげると、ターゲットとなる行動を結果から順番にできるようにしていくバックワードチェイニング、問題となる行動を行っていないことに対して強化子を呈示する他行動分化強化、いまだできていない行動の完成形に向かって、より近づいている行動を強化していく手続きであるシェイピングなど、本当にいろいろな手続きがあります。[7]

例の一つとして他行動分化強化の用い方を示すのでご覧ください。他行動分化強化においては、望ましい行動と望ましくない行動をセラピストとクライエントが理解できる形に定義した上で、望ましくない行動が維持されている要因を強化の原理から理解していきます。そして、代替行動として望ましい行為をとることができたときに即時に強化されるような状況をセッティングします。[8]このようにして、代替行動をとることができるようになってきたら、今度は強化のタイミングを変えるなどして、異なる種類の望ましい行動もとれるようになることを促し（般化を狙い）ます。

〈7〉行動を変える手続きの原理について興味を持たれた方は、他の成書、たとえばMiltenberger (2001) ／園山ら〔訳〕(2006) やAlberto & Troutman (1998) ／佐久間・谷・大野〔訳〕(2004) などをあたっていただければと思います。

〈8〉セラピー場面だけでなく、実生活でもそのような状況を整えていくことが大切です。

他行動分化強化の用い方

・望ましい行動を定義する
・望ましくない行動を定義する
・強化子を見つけて決める
・望ましい行動を即時に一貫して強化する
・望ましくない行動は強化しない
・間欠強化[9]を用いる
・般化を計画する

ここであげた「望ましい行動を定義する」ことは、本人の中にある代替行動を発見する作業でもあります。最初からとるべき行動は何かを理解しているクライエントもいますが、何をしていいのかまったくわからないと言う方もいます。とるべき行動を理解している場合には、それができるようになることを援助していけばよいですが、何をしてよいのかわからない場合には、代替行動を発見するところから始めなければなりません。そういったとき、ついついセラピスト（支援者）側が望ましい行動を率先して定義してしまうことがありますが、それには注意が必要です。そういったときには、ゼロから一を生み出そうと

〈9〉間欠強化とは、反応（見られた行動）に対して呈示する強化子のタイミングを一定のタイミングに定めることを言います。時間や比率、固定しているか変動するかによって、いくつかの呈示方法のバリエーションがあります。

するのではなく、クライエントが持つ強み、クライエント自身ができていること、過去にできていたこと、過去の履歴を探る中で偶然できた例外など、クライエントの中にある資源を見つけ出して引き出してくることが求められます。クライエント自身、しばしば自分ができている代替行動が見えなくなっていることもあるからです。そして、引き出した行動が定着するように周囲の環境を整えていきます。そこには正解はありません。セラピストとクライエントが協働的に取り組むことで方向性を定めていくことが大切です。

セラピストにとっても大切な代替行動

ここまではクライエントに対する支援の方法という文脈で説明をしてきましたが、もう一つ大切なことを最後にお伝えしておこうと思います。それは、代替行動へのアプローチはセラピストこそが変化するアプローチであるということです。今現在、自分が行っている支援に疑問を抱いてしまったとき、効果的であるはずのアプローチに結果が伴わないとき、ついついクライエント側の要因に目が向いてしまうことがあります。そんなとき、セラピーにおける自分の行動を振り返って、代替行動の可能性について目を向けてみてください。行動的アプローチの真骨頂は、個体と環境の相互作用に注目することにあります。クライエントという個体に影響を及ぼしている環境（セラピスト）を操作していく。そこで生まれる相互作用に注目することが大切です。そして環境（クライエント）の変化によって個体（セラピスト）の行動もまた変わっていくわけです。クライエントの変化も、自分の変化も、大きな変化ばかりではないかもしれません。焦らず、毎日の中で少しずつチャレンジして、行動の変化を見つけていっていただきたいと思います。

いけないいいけない。話が長くなりすぎました。それではこれから皆様と一緒にさまざまな問題に対する代替行動アプローチを見ていきたいと思います。

どうぞよろしくお願いいたします。

横光健吾　田中恒彦

令和4年3月

目次

第Ⅰ部　ふだんの生活

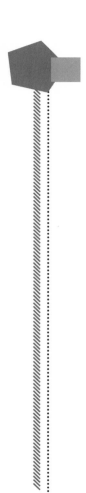

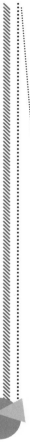

第1章　夜更かし

夜更かしは、誰しも一度は経験したことのある、馴染み深い行動の一つではないでしょうか。ある社会人にとっては、夜更かしは週末に入る前日の夜と目覚ましをかけない翌朝の寝坊がセットになった自分へのご褒美かもしれませんし、ある高校生にとっては大好きなゲームがやめられずいつの間にかしてしまうもので、結果として遅刻の原因となるものかもしれません。また、ある人にとっては夜更かしをして恋人とＬＩＮＥで話すことがその日のうちで最も幸せに感じる時間かもしれません。

夜更かしの問題を考える際には、夜更かしそのものが悪いかどうかと価値判断するのではなく、夜更かしの結果、生活に悪影響が及んでいるのかどうかを考えることが重要です。具体的な夜更かしによる生活の支障としては、①朝、起床することが難しくなること、②

〈1〉American Psychiatric Association（2013）／高橋・大野〔監訳〕（2014）

〈2〉睡眠障害の近代的な国際分類は１９７９年にSleep誌に掲載されたものが最初となります（Roffwarg, 1979）。

表1-1　夜更かし（概日リズム睡眠－覚醒リズム障害群の睡眠相後退型）の医学的診断基準
（American Psychiatric Association, 2013）

A. 持続性または反復性の睡眠分断の様式で、基本的には、概日機序の変化、または内因性概日リズムとその人の身体的環境または社会的または職業的スケジュールから要求される睡眠－覚醒スケジュールとの不整合による。

B. その睡眠の分断は、過剰な眠気または不眠、またはその両者をもたらしている。

C. その睡眠の障害は、臨床的に意味のある苦痛、または社会的、職業的、または他の重要な領域における機能の障害を引き起こしている。

▶いずれかを特定せよ
睡眠後退型： 睡眠開始と覚醒時間が後退している様式であり、希望する、または慣習的に受け入れられている早い時刻での入眠と覚醒ができない。

▶該当すれば特定せよ
家族性： 睡眠相後退の家族歴がある。

▶該当すれば特定せよ
非24時間睡眠・覚醒型との重畳： 睡眠相後退型は、もう一つの概日リズム睡眠－覚醒障害である非24時間睡眠－覚醒型と重畳することがある。

睡眠時間が短くなり、日中の眠気が強くなること、といった二つがあります。このような場合には夜更かしをターゲットとした関わりが必要になるでしょう。精神疾患の診断・統計マニュアル第5版（DSM－5）[1]では、夜更かしによって生活に支障のある状態は睡眠－覚醒障害群の中の概日リズム睡眠－覚醒リズム障害群の睡眠相後退型と呼ばれ[2]（表1－1）、若者に多く見られます[3]。

　睡眠相後退は睡眠構造自体の問題ではなく、睡眠のタイミングと社会リズムにずれが生じている状態です（図1－1）。そのため、セラピストはクライエントの睡眠のタイミングと社会リズムを調整する取り組みの確立を目指します。本章では、事例を通して、睡眠相後退の問題に対する介入について考えていきます。

現在の睡眠障害国際診断第3版（American Academy of Sleep Medicine, 2014）では、夜更かしの問題は概日リズム睡眠－覚醒障害群の中の睡眠－覚醒相後退障害に分類されます。多くの診断基準では、夜更かし＝悪というわけではなく、夜更かしの結果、社会生活にどのような悪影響があるのか、という点を重視しています。

（3）睡眠相後退の反対の状態である、睡眠相前進（過剰な早寝早起き）は、年齢を重ねるほど多く見られ、特に高齢者で顕著になります。高齢者で、入眠20時➡最終覚醒3時といった場合は睡眠相前進が疑われます。睡眠相前進も、睡眠相後退と同じく、その睡眠そのものが問題となるわけではなく、その生活リズムが生活に支障をきたすのかどうかといった点が治療可否のポイントとなります。

事例を通して考える

❖ 事例1「Aさんの場合」

睡眠の問題を抱える大学生Aさんの事例です。以下は、Aさんのこれまでの経過です。[4]

①実家で過ごしていた高校時代は平日の朝に両親が起こしてくれたこともあり、入眠0時30分 ➡ 覚醒7時30分（睡眠時間7時間程度）で、遅刻なく学校に通えていた。一方、学校では、昼間の眠気が強いこと、両親に起こされない休日の覚醒時刻は10時になることがほとんどであった。

②大学進学を契機に一人暮らしを始め、

事例1【概要】

クライエント	Aさん
年齢／性別	20歳代／女性
職業	大学1年生
家族構成	父、母（現在一人暮らし）
主訴	朝、起きられず学校に遅刻してしまう。

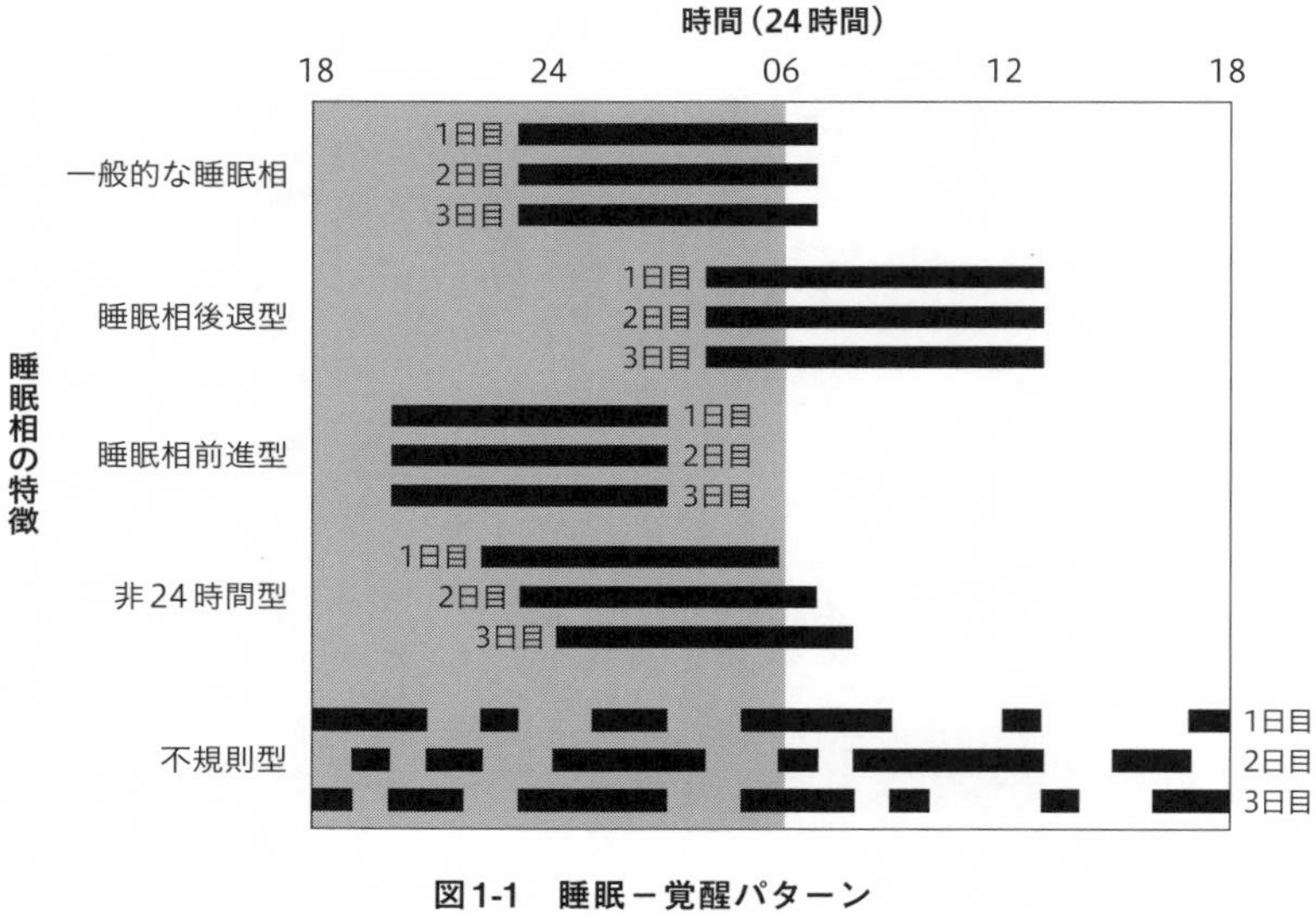

図1-1　睡眠－覚醒パターン

夜の時間帯に友人とスマートフォンでのオンラインゲームや動画を視聴する時間が増えてから、徐々に入床時刻が遅くなり、それに伴い、午前中の授業には起きられず、欠席することが多くなってきた（入眠3時30分⬇覚醒12時30分）。

③出席回数が規定に足らず、このままでは留年するのではないかと危惧した両親の強い希望で実家に戻ることとなった。実家に戻ってからは本人も意識して以前と同じ時刻にベッドに入るものの（入床0時30分）、結局寝つくのは3時30分頃であり、朝も両親が1限目に間に合うように起こしても、起きられない状態が続く。

Aさんの事例は、これまで家族と同居していた若者が一人暮らしを始めたことをきっかけに、よく見られる悩みの一つです。このような悩みを抱える人の多くは、経過③のときのように、理想とする生活の入床時刻（多くの場合は、調子の良いとき、経過①のときのような時刻）に寝床に入ろうとしますが、なかなか寝つけず、結局寝つくのは遅い時刻となり、布団の中で眠れない時間を過ごすことが多くなってしまいます。このような悪循環に陥らないためには、入眠前の行動だけでなく、睡眠－覚醒リズムのアセスメントが欠かせません。

〈4〉「入床時刻」は布団に入った時刻、「入眠時刻」は眠りについた時刻、「覚醒時刻」は朝、最後に目が覚めた時刻、「起床時刻」は布団から出た時刻を指す。

睡眠−覚醒リズムのアセスメント

睡眠−覚醒リズムのアセスメントで最も簡便かつ金銭的コストがかからない方法は、睡眠−覚醒リズムの記録用紙を用いて行われるセルフ・チェックです。[5] これらは睡眠日誌と呼ばれ、国際的な基準[6]に則ったものも作成されています（図1−2）。しかしながら、これらの睡眠日誌は睡眠−覚醒リズムが視覚的にわかりにくいこと、記入すべき箇所が多く、記入の手間がかかることからアドヒアランスが問題視されてきました。そのため、筆者らは記入者の視認性や記入のしやすさといった点を考慮した睡眠記録シートを作成し、それらを睡眠の悩みを抱える人のセルフ・チェックとして使用しています。Aさんのこれまでの経過を睡眠記録シートに則り図1−3にまとめてみました。

Aさんの経過を見ると、経過①では日中の眠気が続くことから睡眠時間が7時間（入眠0時30分 ➡ 覚醒7時30分）では足りていないことが考えられます。また、休日の覚醒時刻は10時ということからも、睡眠時間が足りていないことがうかがえ、この仮説が裏づけられます。このような平日と休日の睡眠−覚醒リズムのずれはソーシャル・ジェットラグと呼ばれ、睡眠不足の結果だけでなく、[7] 体内時計を乱すきっかけであることが報告されています。[8,9] 実際に、休日に朝寝坊をすると、体内時計が40分前後後退することが報告されています。[10] このような、睡眠不足を解消するためによかれと思って行った休日の朝寝坊は、睡眠不足をある程度回復させるものの、睡眠相が後退した影響で、週明けの月曜日に眠気や

〈5〉最近ではスマートフォンやスマートウォッチにインストールされた睡眠計測アプリを用いた睡眠−覚醒リズムの計測も一般的になってきましたが、これらで測定される睡眠状態は科学的な妥当性が確認されたものが少なく、得られた値の解釈には注意が必要です。また、終夜睡眠ポリグラフ検査といった脳波を用いた客観的な睡眠計測で得られた客観的な睡眠時間と記入者の自己報告による主観的な睡眠時間では乖離があることは珍しくありません（Fernandez-Mendoza et al., 2011）。このような客観的な睡眠状態と主観的な睡眠状態の乖離を睡眠状態誤認と呼び、不眠症では、客観的には眠れているものの、主観的には眠れていないと感じるネガティブな睡眠状態誤認が見られることが報告されています。

睡眠日誌 お名前＿＿＿＿＿＿ ＿＿月 No.＿＿

	例）15日 木曜	日 曜	日 曜	日 曜	日 曜	日 曜	日 曜	日 曜
1. 昼寝をした時間（＿時から＿時まで）	14〜15時							
2. 睡眠を促すために飲んだ薬やお酒	ビール1缶							
3. 入床時刻　電気を消して寝ようとした時刻	22:30							
4. 寝つくまでにかかった時間（分）	30							
5. 夜中、目覚めてから寝つくまでにかかった時間／回数（朝、最後に目が覚めてからの時間を除く）	60／2							
6. 覚醒時刻　朝、最後に目が覚めた時刻	5:30							
7. 朝、目覚めて布団を出るまでにかかった時間（分）	60							
8. 起床時刻　寝床から出た時刻	6:30							
9. 熟睡感　まったくなし　いくらか　非常にある　1 2 3 4 5 6 7 8 9 10	1							
10. 支障　まったくなし　いくらか　非常にある　1 2 3 4 5 6 7 8 9 10	4							
11. 床上時間　3.入床時刻から8.起床時刻まで	480 分	分	分	分	分	分	分	分
12. 不眠時間　床の上で起きていた時間（4.＋5.＋7.）	150 分	分	分	分	分	分	分	分
13. 睡眠時間　11.床上時間－12.不眠時間	330 分	分	分	分	分	分	分	分
14. 睡眠効率　13.睡眠時間÷11.床上時間×100	68 %	%	%	%	%	%	%	%

図1-2　国際的な統一基準に則った睡眠日誌の一例

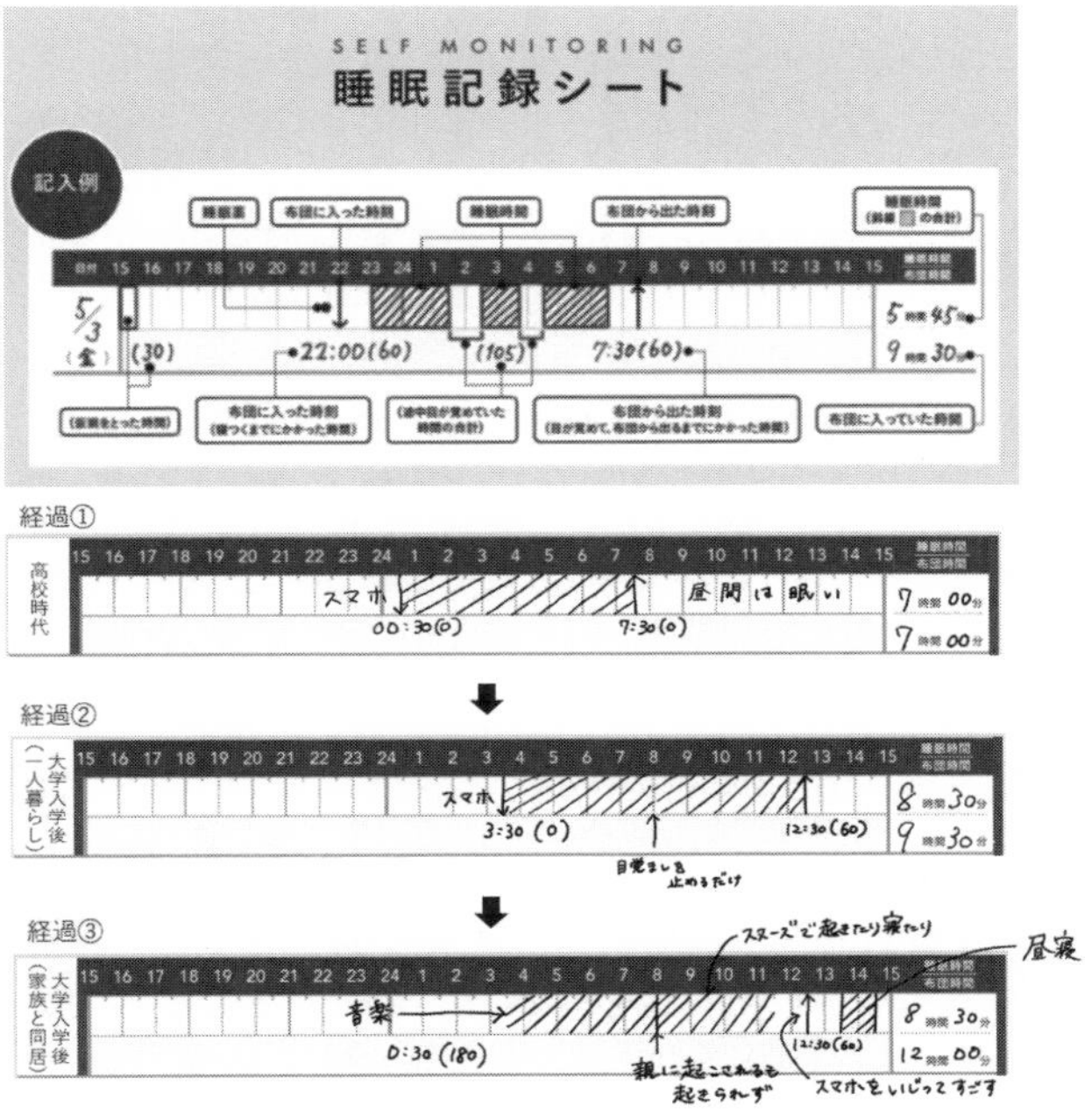

図1-3　Aさんのこれまでの睡眠の特徴

倦怠感が生じるようになります。[11]

経過②では、一人暮らしを契機に、睡眠相が後退しています。睡眠—覚醒リズムは社会生活（家族との同居や学校生活）に同調する傾向が見られるため、[12]入眠前のオンラインゲームだけではなく、一人暮らしを始めたことと、高校と比べて授業開始が一定化されにくい大学の講義が始まったこともあいまって、睡眠相が後退したと考えられます。

経過③では、入床前や布団に入ってから眠るまでの時間の過ごし方をオンラインゲームではなく、スクリーンを見ない音楽鑑賞へ置き換えたり、入床を経過①と同じ時刻にしようと試みたりしているものの、なかなか眠れず、また朝も家族に起こしてもらっていますが、起床困難が続いています。ここで注目すべきは、経過③でAさんが経過①のように早く布団に入ったり、朝起きようとしたりしたとしても、結局寝つく時刻や朝の起床できる時刻は、経過②と同じ時刻になっているということです。また、入床前のスクリーンタイムを減らし、入床時刻を早めたとしても、睡眠相の後退は維持されたままです。

問題行動を代替行動へ置き換える

では、どのような行動や関わりがAさんの睡眠相後退の問題を良い方向に導くのでしょうか。以下にそのポイントを紹介します。

〈6〉Carney et al.（2012）
〈7〉Komada et al.（2016）
〈8〉Taylor et al.（2008）
〈9〉ある研究ではソーシャル・ジェットラグと抑うつとの関連が示されています（Islam et al., 2020）。
〈10〉Crowley & Carskadon（2010）
〈11〉Taylor et al.（2008）
〈12〉Crowley & Carskadon（2010）

入床ー起床のスケジュール化

睡眠相は実際の眠る時間帯が後退することで、より後退した状態が定着していきます。特に、起床時刻の遅れは睡眠相の後退を招きます。[13] 朝、目覚ましタイマーをかけない自然覚醒での起床は睡眠相の後退の維持・増悪因子であるため、目覚ましタイマーをかけて一定時刻に起床することが重要です。起床時刻を設定するポイントは覚醒可能な時刻に設定することです。[14] そして、入床時刻は起床時刻とセットで考え、起床時刻から平均的な睡眠時間を引いた時刻を入床時刻と考えます。たとえば、起床時刻が9時、平均睡眠時間が8時間の場合には入床時刻は午前1時になります。このように入床ー起床時刻（床上時間）を決め、スケジュール化すること（睡眠スケジュール）が睡眠相の後退の維持・増悪を防ぐためには欠かせません。その後、睡眠相を前進させるためには、入床ー起床時刻を図1ー4[15]のように徐々に早めていきます。[16]

Aさんの経過①のように、平日の睡眠時間が短く、休日の朝寝坊がルーティンになると睡眠負債は解消されるものの、土日で睡眠相が後退するため、月曜の朝の起床が難しくなります。そのため、平日の睡眠時間が短く睡眠負債がたまっている場合には、休前日の夜の入床を早め、休日の起床時刻はできる限り一定にすることが、睡眠負債を解消しつつ睡眠相を後退させないためのコツです。

睡眠スケジュールは夜更かしの問題にとって必須のアプローチですが、これらの方法を

〈13〉Crowley & Carskadon (2010)

〈14〉無理に早く起きようと目覚ましタイマーを早い時間に設定した場合、目覚めたとしても二度寝してしまうことが多く、急がば回れの精神で「二度寝しない時間」に目覚ましタイマーをセットすることがコツです。

〈15〉田中ら（2014）

〈16〉睡眠相が前進すると睡眠時間は多少短くなってきます。これらは私たちの睡眠の特徴であるため、睡眠相を前進させたからといって不眠が生じているわけではありません。

クライエントやその養育者、またはセラピストに説明すると、「朝、起きることができたら苦労しない」と言われることが多いです。このような感想があった場合には、入床－起床の一定化が難しいと感じる要因を検討していきます。

　クライエントの入床－起床の一定化を困難にさせている理由として意外に多いのが、養育者やセラピストが提案する入床－起床時刻が理想とする生活（事例の経過③のような）に設定されており、クライエントの体内時計を無視していることです。これは養育者やセラピスト側の問題です。朝、起床することは根性論だけでは続かず、個人の睡眠－覚醒リズムや睡眠負債が強く関連するため、クライエントが「起きない」のではなく、養育者やセラピストが「クライエントが起きられない」起床時刻を設定していないか気をつける必要があります。前述したように、起床時刻を設定するポイントは覚醒可能な時刻に設定することです。根性論に基づく起床から脱却するためには、睡眠記録シートに基づく睡眠－覚醒リズムのアセスメントと、クライエントと養育者に対する睡眠－覚醒リズムについての情報提供

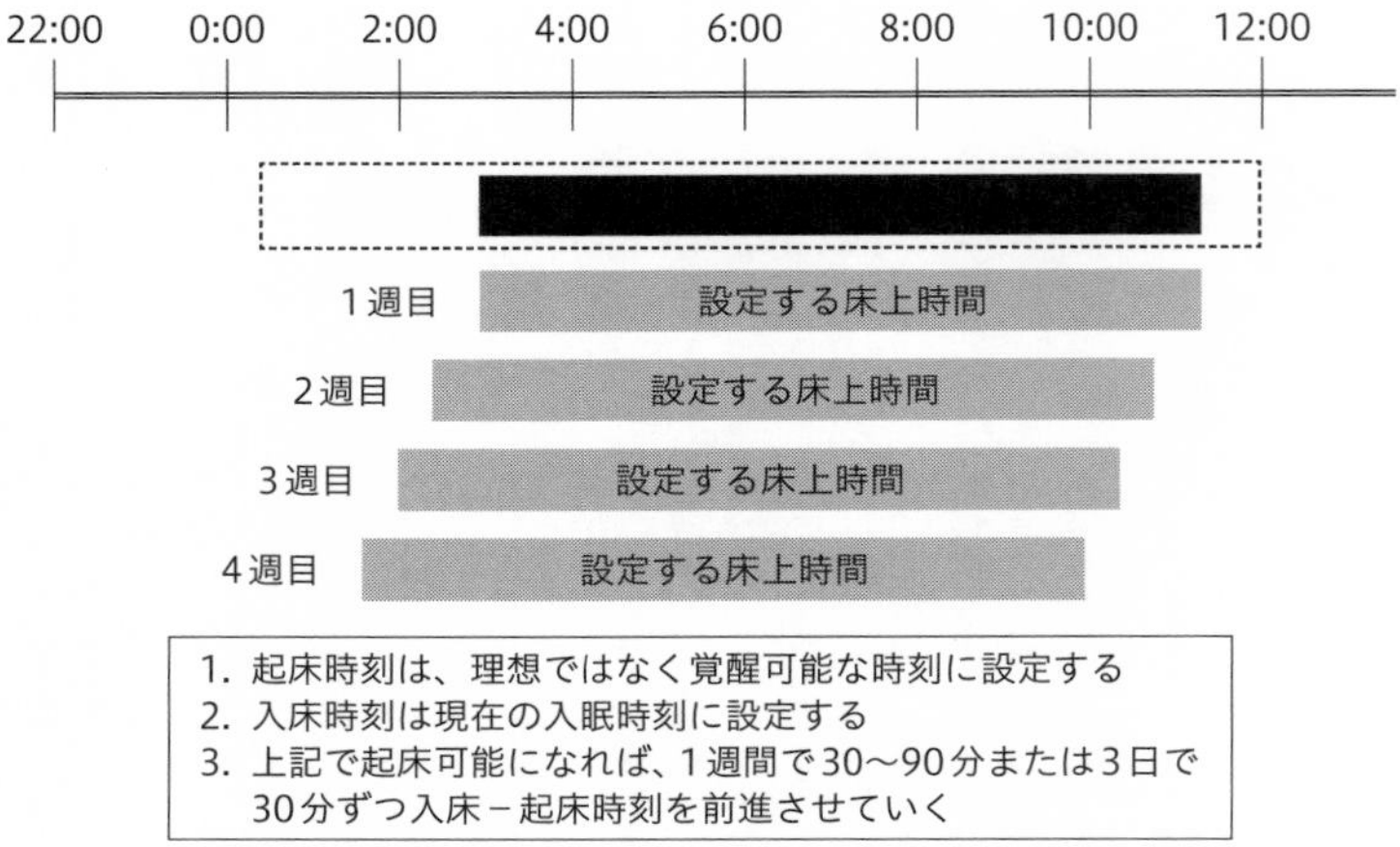

図1-4　睡眠相を早めるための入床－起床時刻の設定（田中ら, 2014）

が欠かせません。

日中の活動のスケジュールの確立

睡眠を良好に保つためには、夜から朝にかけてだけでなく、日中のメリハリのある生活も大切です。睡眠ー覚醒リズムは社会生活に同調する傾向が見られるため[17]、仕事や何らかの定期的な活動に従事したり、人と接する機会を日々の生活で設けたりすることは睡眠ー覚醒リズムを安定させます。また、日々のルーティンを設けること[18]、特に食事のタイミングを規則的にすることは私たちにとって多くの益をもたらします[19]。日中の活動のスケジュール化で注意すべきことは、家の中で過ごす際のテレビ視聴やスマホ視聴といった受動的な活動への従事で、これらが誘う眠気に負けて寝てしまった結果、睡眠ー覚醒リズムの乱れが助長されることです。したがって、夜に向けて眠気を蓄積するために、日中の仮眠を阻むような環境調整や行動の確立を支援する必要があります。具体的には、眠らない環境をつくるために外出を促したり、眠気を催す時間が決まっているようであればその時間に運動を取り入れることをお願いしています。

夜型の問題の先行研究では、スマートフォンやPC、テレビなどのスクリーンを用いたゲームは睡眠時間を短くさせ、入眠時刻を後退させることが示されていることから[20]、寝室にスマートフォンを持ち込まない代わりに、読書や音楽鑑賞を取り入れたり、ストレッチ

〈17〉Barion Ana (2007)
〈18〉Moss et al. (2015)
〈19〉Bass & Takahashi (2010)
〈20〉Hale & Guan (2015)

やヨガといったリラックス感を味わえる活動をしたりするのがお勧めです。クライエントの年齢が低い場合には、養育者の協力を得て、クライエントのスマートフォンを使用する時間を制限するとよいでしょう。しかしながら、入床前のスクリーンタイムは夜型の増悪因子であるものの、睡眠ー覚醒リズムの後退といった生理的変化が見られる状態では、睡眠ー覚醒リズムへのアプローチとセットで行わないと、いくらスクリーンタイムを制限したとしても起床時刻は前進しにくいということに留意しましょう。

セラピストや養育者の関わり

夜型の問題の場合、クライエントの変化への動機づけの低さが臨床的な問題として認識されています。[21] このような場合、ベッドに入ってからいつもスマホをいじってしまう人に対して、セラピストがクライエントにいかに入床前のスクリーンタイムが悪影響か「正論」を伝えたとしても、スマホをやめる気持ちが高まるわけもなく、また正論を言うセラピストに対してネガティブな感情が生じることは容易に想像できます。同様に、夜型の子どもに対して養育者が「早く寝なさい」と伝えたところで、子どもの行動変容は促進されません。このような関わりの代わりに、クライエントのこのままではいけない、という思いや変わりたいという気持ちを引き出すための関わりとして動機づけ面接が有効です。[22] 動機づけ面接では、正論を押しつけず、スマホをいじるクライエントの背景を受け入れた上で、変

〈21〉Kaplan et al.（2019）

〈22〉中島（2021）

化につながる発言を引き出します。たとえば、反抗期を迎えた夜型で学校に遅刻気味の中学生女子が養育者に連れられて来談した場合、クライエントから語られる来談の理由がたとえ「養育者に連れられて」という場合であっても、来所したという事実からは動機づけがゼロでないと考え、面接に臨みます。このような場合、セラピストは面接に来たくない理由ではなく、「行動変容の糸口となる面接に来てくれた理由が何かを引き出すため、「泣き叫んで面接に来たくないと訴えることや、鍵のかかる部屋に閉じこもって出てこないという選択もできたと思うんだけど、それをせず親に従って来たというのには何か理由はあるのかな?」といった、来所の理由を引き出す質問をします。このような質問をするとクライエントはちょっと気分が害されたと感じながら「親にいろいろ言われるのは面倒だから」と答えるかもしれません。このような発言をセラピストが引き出すことができたら、セラピストはクライエントの親からいろいろ言われる大変さに寄り添いながら、「親に面倒なことを言われないように自分のしたいことをするための方法を考えよう」といった面接の理由づけをすることが面接をスムーズに進めることにつながります。セラピストはクライエントに何かを伝えることによって行動変容を促しがちですが、クライエントがわかってはいるけれども取り組むことが困難な問題に対しては、セラピストの関わり方を変えることがクライエントの行動変容への近道なのかもしれません。

まとめ

　本章では、夜更かしの問題を助長させる行動とその代替行動について述べてきました。夜更かしはこの本で扱う多くの問題行動の結果であるとともに、夜更かしによって引き起こされる睡眠相の後退は確立操作として入眠を遅らせます。そのため夜更かしの問題には、入眠前の行動だけでなく、睡眠－覚醒リズムや社会生活を送るリズムを踏まえた関わりが必要です。このようなことから、夜更かしの問題はクライエントの怠けと捉えるのではなく、本章での事例のように、生物・心理・社会的アプローチの視点から、それぞれの要因の複合性についてアセスメントし、クライエントのモチベーションや、クライエントと養育者の関わりもセラピストの介入対象とする包括的な支援が望まれます。

　このように夜更かしについて述べると、夜更かし＝悪のように感じるかもしれませんが、セラピストとして忘れてはいけないのは、夜更かしが必要な夜もあるということです。大晦日のように社会的に夜更かしが当たり前となる文化や、ある人にとって夜遅い時間にパートナーと過ごす時間がその日のうちで最も大切な時間だと話される場合、相手の価値観を否定し、夜更かし＝悪だというセラピストの価値観を押しつけても、お互いの価値観が対立して夜更かしへのアプローチが難しくなるだけでしょう。夜更かし＝悪とセラピストが決めつけて接するのではなく、夜更かしの背景にある相手の視点を理解しようとする共感的姿勢がセラピストには求められます。

第2章 気分の波

「先生っ！　治療前の方が調子良かったですよー！」

「こんなのは、自分じゃないです。でも、テンションが振り切れた自分も、自分じゃないっていうか……。もう、本当の自分が何なのかわからないです！」

筆者に限らず、心理職など、人を対象としたケアの仕事に携わっている人なら、一度は投げかけられた言葉ではないでしょうか。双極性障害をはじめとした、気分の波に苦しむ人は、気分をコントロールすることに困難を抱えています。たとえば、自身の気分を客観的に観察したり、記録したりすること（セルフモニタリング）が得意ではありません。また、わずかな気分の変化を恐れたり、気分に委ねて刹那的・衝動的な行動をとったりすることも少なくありません。そのため、クライエントの多くは、気分をコントロールするために相当の努力を必要とします。同時に、私たち心理職も、クライエントに気分をコントロールする努力を要求してしまいます。決して負担を強いているわけではありません。むしろ、自身の気分をできるだけ素早く、正確に観察・記録する、気分をうまくコントロールし、気分に振り回されすぎず今ここで大切な行動に従事するなど、適切な代替行動を獲得することが、本人の健康や福祉に資すると確信しています。

本章では、気分の波にほどよく対処する行動について、双極性障害[1]に対する認知行動療法[2]の事例を紹介しながら考えていきます。以下では、標準的な双極性障害に対する認知行動療法の手順に沿って説明しますが、実践上の工夫や代替行動の導入例も可能な限りあげていきたいと思います。

❖ 事例2「トクシマさんの場合」

トクシマさんは、X－8年、職場の人間関係のトラブルを契機に意欲や思考力の低下、入眠困難が出現しました。精神科クリニックを受診し、うつ病の診断を受け、薬物療法を開始しました。その後約6か月で寛解し、再発はありませんでした。X－4年に別の職場でも人間関係のトラブルに巻き込まれ、うつ病が再発し、薬物療法を再開しましたが、症状の改善は認められませんでした。この頃、母の死去、祖母の病気悪化（要介護状態）といっ

〈1〉ちなみに、筆者が双極性障害に関心を持つようになった頃、「双極性障害は無視されてきた疾患である」という記述をよく目にしました。数年経って少し変わってきましたが、統合失調症やうつ病と比較すると、基礎研究、臨床研究、事例報告などが相対的に少ない状況が続いています。

〈2〉Lam et al.（2010）／北川・賀古〔監訳〕（2012）

た出来事が続きました。本人も自宅で祖母の面倒を見る機会が増えました。昼夜を問わず熱心に介護を行っていたものの、介護の方針で父と衝突することが増えてきました。X－3年、総合病院精神科に転院し、あらためて病歴や生活歴を詳細に聴取されることになりました。その結果、過去に軽躁病エピソードが出現していたことが判明しました。診断を双極性障害Ⅱ型に変更し、処方も見直されました。その後、寛解と再発を繰り返し、入院治療も二度行われました。そしてX年、再発予防策の一環として、筆者（臨床心理士）に心理教育および認知行動療法の依頼がありました。

以下は、カウンセリングにおけるセラピストとトクシマさんのやりとりです。

セラピスト　こんにちは。心理士のコウダです。今日からカウンセリングを担当します。

クライエント　先生、よろしくね。若いね。私と同じくらい？（笑）私ね、双極性障害っていう病気なの？　知っている？　知っているよね。私ね、この病気になって2～3年かな。いや、病院はもっと前から通っていたけどね。けっこう長いのよ。（中略）でもさ、先生（主治医）にさ、〝トクシマさんは、まだ自分の病気のことがちゃんとわかっていませんね〟なんて言われて、けっこうショックだった

事例2【概要】

クライエント	トクシマ トモコさん（仮名）
年齢／性別	34歳／女性
職業	アルバイト（飲食店）
家族構成	父、妹、祖母
診断	双極性障害Ⅱ型
服薬	リチウム600mg、ラモトリギン200mg、ジアゼパム5mg、トラゾドン25mg
病前性格	世話好き、明朗快活
自傷他害のリスク	一過性に希死念慮が強まり、文房具等で腕を傷つける自傷行為あり。

のよ。いや確かに、まだよくわかっていないのかもしれないけどさ……。

双極性障害とは

双極性障害とは、ＤＳＭ－５[3]の定義によると、気分の落ち込みや意欲の減退を主症状とするうつ病エピソード[4]と、気分の高揚や目標志向行動の亢進といった（軽）躁病エピソード[5]を周期的に繰り返す疾患です。その他の特徴として、再発率が非常に高く、自殺の未遂・既遂リスクはうつ病を上回り、病相期はもちろん、寛解期にあっても残遺症状に苦しみ、社会・生活機能障害が顕著とされます。

双極性障害の治療は、気分安定薬などの薬物療法が主たる方法です。しかし、その薬物療法も、アドヒアランス、有効性と実効性のギャップ、使用される薬剤の中毒性などの問題があり、決して万能ではありません。そのため、認知行動療法をはじめとした心理療法についても、補助的に治療の選択肢とする必要があります。[6]たとえば、認知行動療法はアドヒアランス不良の改善に寄与し、[7]再発予防や残遺症状の軽減に有効[8]という知見が得られています。何より、こうした心理的ケアを行うことは、患者の「健康な自己の喪失に対する悲哀[9]」を扱う上で、とても重要とされます。

〈3〉American Psychiatric Association（2013）／高橋・大野〔監訳〕（2014）

〈4〉次の①～⑨の症状のうち五つ以上が同じ2週間の間に存在し、これらのうち少なくとも一つは、「ほとんど毎日、ほとんど一日中存在する抑うつ気分」あるいは「ほとんど毎日、ほとんど一日中存在する興味または喜びの喪失」である。①抑うつ気分、②すべての活動における興味・喜びの減退、③体重減少／増加または食欲低下／増加、④不眠／睡眠過多、⑤焦燥または制止、⑥易疲労性、気力の減退、⑦無価値感、罪責感、⑧思考力・集中力の減退、決断困難、⑨希死念慮、自殺企図

〈5〉高揚した、開放的な、または易怒的な気分が1週間（軽躁病エピソードの場合は4日）以上持続し、目標志向的な活動または気力が

セラピスト　トクシマさん、双極性障害について今一度一緒に調べてみませんか？

クライエント　えぇ!?　そんなの面倒よ。先生、教えてよ。

セラピスト　先生に、〝トクシマさんは、自分の病気のことがわかっていませんね〟と言われたんですよね。悔しくありませんか？　今回、しっかり理解して見返してやりましょうよ。

クライエント　見返すんですか。まぁ、それができたら、ちょっとは気が晴れるかも……。

セラピスト　そうですね。さて、私は病気や治療法の専門家の一人です。一方で、私はトクシマさんのことはまだよく知りません。言ってみれば、素人みたいなものです。トクシマさんは、自分自身や自分の病気と、誰よりも長くおつき合いされています。だから、トクシマさんは、ご自身の専門家だと思います。この専門家二人が一緒に調べて、学ぶことが、〝しっかり理解する〟ことにつながると思います。

クライエント　えぇ〜、私も専門家なの!?

心理教育

本人が、自分の疾病について学ぶ、すなわち心理教育はとても重要な治療構成要素です。これは認知行動療法に限ったことではなく、双極性障害に対する心理療法に共通し、さら

持続的に増加し、加えて次の①～⑦の症状が三つ以上認められる場合。①自尊心の肥大、または誇大、②睡眠欲求の減少、③多弁、行為心迫、④観念奔逸、⑤注意散漫、⑥目標志向性の活動の増加、精神運動性の焦燥、⑦危険・快楽的活動への熱中

〈6〉日本うつ病学会（2020）の「治療ガイドライン」も参照

〈7〉Lam et al.（2003）

〈8〉Chiang et al.（2017）

〈9〉Frank et al.（2005）

〈10〉Bond & Anderson（2015）

〈11〉しかし、双極性障害の患者の場合、仕事や生活の中で、実際に高いパフォーマンスを発揮して活躍している人が少なくありません。昼夜問わず、仕事や創作に取り組んだり、誰かれ構わず周りの人を巻き込み、物事を大きくしていったりするなどのエピソードは、枚

に心理教育に焦点化したプログラム[10]も開発されています。心理教育の位置づけには、単に「最初に行うこと」以上の意義があります。

双極性障害の患者は、気分や活力などの自分の内的状態について、正常－異常を正確に把握することが難しいようです。気分は数値化を含めた客観的な測定が困難であり、平熱を測定するような簡便さはありません。双極性障害をはじめ、気分の波に苦しんでいる人の中には、治療前の方が調子が良かった（この場合、躁状態やハイな気分のときの方が健康という感覚）と訴えることが少なくありません。[11]つまり、気分が高揚し、目標に向かっている自分の状態を、「ふだんの自分」と認識しがちです。このため、本人自身と、周りの人（家族、友人、治療者など）との間にも認識のずれが生じ、お互いに相手のことを「わかっていない」「病識がない」と非難する問題を引き起こします。[12]

さらに、長く疾病を患い、気分の波に振り回される生活が続くことで、だんだん「本当の自分」がわからなくなることもあります。このように、症状／疾病と自己の境界線があいまいになると、どの程度の気分では注意・対処が必要で、どこまでなら問題ないのか、あるいは「どの程度」対処した方がよいのか、区別や判断が難しくなります。この難しさを抱えたままだと、いつ、どのように対処行動をとるとよいかわからなくなります。そこで、こうした困難感を緩和し、対処行動を適切に生起・維持させるために、治療の序盤で心理教育に取り組みます。[13]

挙に暇がありません。そして、その高いパフォーマンスのおかげで、彼らの所属する組織や、場合によっては社会全体が、その恩恵を受けている側面もあります。すなわち、周りや社会も躁状態の恩恵を受けているわけで、治療によってその恩恵が失われることの意味を考える必要があるかもしれません。

〈12〉どの程度の気分や活動性が健康な状態かは、本人と周囲との間で認識のずれが生じやすく、一度共有できたとしても、折に触れて確認が必要です。人間関係や治療関係の構築・維持にとっても重要な視点です。

〈13〉認知行動療法に限らず、双極性障害に対する心理支援の技法やプログラムには、治療初期に心理教育がほぼ必ず含まれています。次の書籍などに詳しく記載されています。

心理教育はその名称から、一方向的なものという印象を持たれがちですが、実際はかなり双方向的な営みです。筆者は、自作のスライドを用いることもありますが、幸い専門機関のＷｅｂサイトや出版物でも一般向け／患者向けの資料が充実しており、一般的な知識を確認する目的であれば、これらの資料を一緒に確認しながら取り組むことが多いです。

心理教育は、症状／疾病と自己の境界線をある程度明確にする作業です。治療者は、誤解や偏見が発生／増長しないよう、細心の注意を払い、最新・正確な情報を確認します。その上で、必要に応じて、症状／疾病なのか、あるいは元来の特性なのかを考えてもらうために本人に対して質問を繰り返します。[14]「ティーチバック」という言葉がありますが、患者自身が学んだ話を、治療者に説明する方法です。知識は、人に教えることができて初めて使いものになるとはよく言われますが、まさにその通りです。この過程を通じて、本人自身が、自身の専門家であることに加えて、症状／疾病の専門家になっていきます。

治療者を含む周囲の者にとっても、本人の気分の正常－異常を知る（知ろうと努力する）ことは、先に述べた認識のずれを小さくし、無用な批判や個人攻撃を少なくすることに役立つでしょう。

クライエント　コウダ先生、今週は50ページ分読みましたよ。

セラピスト　（おぉっ！　そんなに……）そうですか。ずいぶんと頑張りましたね。何か発

・Basco（2015）／野村〔訳〕（2016）
・Colom & Vieta（2006）／秋山・尾崎〔監訳〕（2012）
また、日本うつ病学会（2021）の「資料」も素晴らしい参考資料です。

〈14〉心理教育は、ついこちらから伝える時間が長くなりがちですが、できる限り、本人に発言する時間を多くとりたいところです。また、症状／疾病なのか、自分自身のもともとの特性なのか、二分法的に解を求めるわけではありません。こうした質問を介したやりとりによって、真の病識の獲得に近づいていきます。「真の病識」とは、疾病を知ること、治療の必要性を知ること、症状を正確に知ること、とされます。

見はありましたか？

クライエント あのね、記録が大切だって、何回も書いてありました。

セラピスト そうですね。記録は大切な作業ですね。何を記録するとよいでしょうね。ちょっと一緒に見てみますか……。

クライエント （かぶせ気味に）とりあえず、大事そうなこと、全部書いてきました。

セラピスト おぉっ！15 こんなにたくさん……。熱心に記録してこられたんですね。

セルフモニタリング

患者は、心理教育に続いて、治療の序盤でセルフモニタリングに取り組みます。セルフモニタリングとは、自身の気分や体調、行動、その前後の状況などについて、観察・記録・整理するものです。双極性障害の場合は、前駆症状（再発の徴候）を早期に見つけるために用いられます。前駆症状を早期発見できれば、適切なタイミングで、対処行動を適用することが可能になります。

セルフモニタリングを効果的に活用するためには、観察対象を正確に定義・共有し、記録の際は数値化する（点数、回数など）ことが重要です。また、導入に際しては、自己観察の作業が（ある程度）つつがなく行える程度まで、症状や気分エピソードの重症度が和

〈15〉具体的には、一日の活動、身の回りで起きた出来事、考えたこと、気持ち、翌日の予定までビッシリ書かれていました。個人的な意見ですが、双極性障害の患者は、愛想も良く、話しぶりも明朗快活、人あたりの良い人が多いです。治療に取り組んでいても、こちらの説明に〝過剰に〟同意され、〝根を詰めて〟課題に取り組まれることも少なくありません。こうした〝過剰で〟〝極端な〟認識や行動の意味（機能）をよく考える（観察する）ことが大事です。やみくもに「良いですね。その調子」といった声かけをすることが、必ずしも適当ではないこともあります。

らいでいることを複数名で確認します。[16] あまりに症状やエピソードが重症だと、記録はもちろん、正確に観察することも困難です。さらに、双極性障害の場合には、「やりすぎてしまう」という問題も生じます。具体的には、四六時中自己観察に勤しみ、必要以上の情報を記入し、メモ欄がさながら自伝のようになります。こうした「やりすぎ」（あるいは「やらなさすぎ」）は、双極性障害における極端な行動として知られています。[17] セルフモニタリングでは、何を、どのように観察・記録するかを十分話し合い、決定します。そして、記録できた内容を一緒に確認・整理・検討する時間も大切にします。

さて、実際にどのようにセルフモニタリングを進めていくとよいでしょうか。たとえば、気分チャートや生活記録など、ある程度様式の決まった方法は、具体的／実践的に行う上で役立ちます。[18] もちろん、専門機関のＷｅｂサイトや出版物にツールが紹介されており、これを活用することも可能です。ただし、筆者は自作したワークシートを用いています。プロトタイプだけ決めておけば、あとは個人の事情や状態に合わせてカスタマイズ可能です。たとえば、用紙一枚に記録する日数（カウンセリングの頻度次第で変更）、項目の増減（気分や生活の様子に加えて、アルコールやカフェインの摂取、対人接触、運動量など項目の追加／削除）、レイアウト（観察・記録の動機づけに影響）などは、頻繁にカスタマイズします。もちろん、勝手にカスタマイズするわけではなく、先の心理教育と同様に、協働作業で行います。

〈16〉複数名のメンバーには、主治医、看護師はもちろん、受付や事務を含む医療スタッフであったり、同居家族、職場の上司・同僚、定期的に交流のある友人など、ある程度本来の本人を知っている人や、定期的に本人と接触のある人が有力な候補となります。

〈17〉Mansell et al.（2007）

〈18〉White & Preston（2008）／佐々木〔監訳〕（2016）

最低2週間程度、可能であれば1か月程度記録を続けることが大切です。一定期間続けていると、自身の気分（とその変化）に関心を持つ、気分の変化に（何らかの）パターンがあることに気づく、治療者や周囲の人と体調（症状、状態）を共有する、これらの行動が定着する可能性が高いでしょう。

セルフモニタリングによって、症状/気分エピソードの前駆症状が見えてくると、「オーダーメイドの前駆症状リスト」が作成できます。このリストを参照し、前駆症状の有無や程度を観察・記録します。双極性障害は、抑うつ症状と（軽）躁症状という異なる性質の前駆症状に備える必要があるという意味で、たとえばうつ病患者の「二倍は忙しい」と考えられます。すなわち、セルフモニタリングの実行・継続にも、相当の努力が必要とされます。[19]

セルフモニタリングはシンプルな技法であり、一見容易ですが、細かな工夫や注意点がいくつもあります。準備不足のまま導入すると、セラピストが張り切りすぎて、最初から課題過多になることもあるかもしれません。いきなり「双極性障害の前駆症状を……」と張り切りすぎず、最初はうつ病相の前駆症状のみをターゲットとし、徐々に（軽）躁病相の前駆症状もターゲットに含めていくなど、段階的な導入が必要になります。[20]

〈19〉こうした負担の大きい作業に取り組む患者の「忙しさ」に対するねぎらいと励ましの視点が大切です。そして、その苦労が実際に認められる場合には、セルフモニタリングの方法を見直したり、苦労に対するねぎらい、取り組みへの支持・賞賛・激励を行うことが欠かせません。

〈20〉思っている半分程度の段差を意識したスモールステップで進めていきましょう。

双極性障害の感情調節の問題

ここまでの取り組みで、トクシマさんは、ある程度、前駆症状に早く気づき、前駆症状の出現しやすい条件など、そのパターンを自覚することができてきました。次は、前駆症状に対して効果的な感情調節スキルを獲得すること、そして、実際にスキルを使いこなせるよう訓練・準備していきます。

双極性障害の感情調節の特徴として、ネガティブ感情とポジティブ感情の双方において不適応的にも適応的にも調節できるスキルを持っていることがわかっています。たとえば、ネガティブな感情を不適応的に調節する一方で、健常対照群と同水準に適応的な方略も持ち合わせています。さらに、ポジティブ感情を増大させる方略も、鎮静化させる方略も両方持ち合わせています。[21] このように、意外なことに、感情を適応的に調節するスキルも「ないわけではない」ようです。実際に、前駆症状に対してどのような感情調節スキルを実行するか話し合う際も、思っている以上にスムーズに、複数のアイデアが語られることが珍しくありません。[22]

セラピスト　トクシマさん、自分の前駆症状に対して、どんな方法で対応できそうでしょう

〈21〉Dodd et al.（2019）

〈22〉双極性障害の人が、「アイデアマン」であることは、たとえば、双極性障害と「創造性」の関連などで研究さ

か？　まずは、抑うつの方から……。

クライエント　う〜ん、いろいろ考えたんだけど、あんまりコレっていうアイデアは思い浮かばなかったよ。友達とお茶しに行く、趣味の本を読む、クロスワードパズル、カラオケアプリ、YouTubeやゲームもいいね。

セラピスト　たくさん、出てきていますね。今まで、実際に試したことのある方法はありますか？

クライエント　まぁ、やっぱり、友達と出かけるといいかな、とは思うけど。でも、気分が落ちているときはちょっと……。あと、行ったはいいけど、帰るタイミングが難しいのよ。楽しくなってくると帰りたくないし、そうでなくても、何かこちらから切り出すのは、気を遣うのよね。

セラピスト　なるほど。いざやってみると、どうやってやるかが大事ですね。

感情調節の方法を話し合う際は、「何をするか」と同時に、「どのように行うか」あるいは「どこまで行うか」もポイントになります。たとえば、友達とお茶に行く、という方法は、友達の予定に左右されますし、前駆症状が出現したときに、即時に実行することは難しいでしょう。また、もしお茶に行けたとしても、たとえば数時間にわたって会話が盛り上がったり、その後カラオケに繰り出し、夜通し遊んでしまったりしたら……。これは、

れてきました。極端な例かもしれませんが、病跡学などの分野では、ゴッホ、ヘッセ、芥川龍之介といった芸術、文学などの分野で活躍する人に、双極性障害の罹患歴がある、あるいはあったのではないかと指摘されています。

「抗うつ」行動ならぬ、「向躁」行動になってしまっています。抑うつのケアにおける行動活性化の重要性はもちろんですが、その行動が「向躁」的にならないように、「どうやって」「どこまで」行うことが真に抗うつ的なのか、話し合い、実践の中で微調節していくことが必要です。[23]

そしてもちろん、「抗躁」的な感情調整方略についても話し合います。

クライエント　ちょっと調子が良いときに、お父さんと喧嘩したんですよ。おばあちゃんの介護のことで。私には、私のやり方があって、この方がおばあちゃんも喜んでくれていたんです。それなのにお父さんは……。

セラピスト　介護の方法で意見が合わないんですね。トクシマさんは、どうしたいと思っていますか？

クライエント　ちょっとでも、おばあちゃんが喜んでくれるようにしたいです。

セラピスト　トクシマさんが、お父さんと喧嘩していると、おばあちゃんも心配ですかね。

クライエント　そうですね。あんまり、そういうところは見せたくないです。

セラピスト　意見が合わないのは、お互いの介護への想いが強いからでしょうか。……どうやって話し合うとよいでしょう？

〈23〉そうは言っても（前もって、どのような行動が本当に抗うつ的か話し合っていたとしても）、いざ感情調節方略が過剰に（向躁的に）なってしまうと、歯止めをかけることは容易ではありません。

親しい人との意見の相違などで、イライラが高まることは、前駆症状と考えられます。そこで、抗躁的な感情調節方略が必要になります。その際、どうしても「イライラしないように」と考えがちです。しかし、これだとあまり良いアイデアが生まれません。本当はどうしたいのか、本人の目的を今一度確認し、その目的が達成できる確率の高い方法を一緒に探ります。その「ついで」に、イライラしなければ、結果として「抗躁」的な代替行動を獲得できたと言えます。[24]

マインドフルネス

最後に、マインドフルネスについて触れたいと思います。筆者は、双極性障害や気分の波に苦しむクライエントと一緒にマインドフルネス(瞑想)に取り組むことがあります。セルフモニタリングの一環として導入することもあれば、再発予防のためにプログラムに準じたトレーニング[25]を行うこともあります。先にも説明したように、双極性障害の患者は、極端な考え方に陥ったり、行動を「やりすぎ」たり、「やらなさすぎ」たりするところがあります。わずかな気分の変化で、こうした考え方や行動が駆動されるパターンが確立されているとすると、この気分と思考や行動との連結を解除する上で、マインドフルネスが役立つと考えられます。すでに、メタ分析が報告されるなど、海外では実践・研究が蓄積され

〈24〉トクシマさんの例で言えば、結果としてイライラが高まったり、他者と衝突してしまう「自己主張」という行動の代わりに、イライラや他者との衝突もなく、祖母に喜んでもらえるような「自己主張」を考えていくこととなります。

〈25〉双極性障害に対するマインドフルネス認知療法では、セルフコンパッション(自己への慈しみ)を明示・強調するという特徴があり、これは、うつ病の再発予防に対するマインドフルネス認知療法とは異なる点です。

ています。[26]

これまで十数名のクライエントと瞑想実践に取り組んだ結果、次のような感想をいただいています。一番最後が、トクシマさんの感想です。

「正直、瞑想を通して、自分と向き合う時間をつくってどうなるか怖かった部分もあります。でも、向き合ってみて、どうして今まで自分を見てこなかったんだろうと思いました。自分を見る（観察する）ことって、発見があって面白いです」

「気分と呼吸って似ていますね。常にふわふわしていて、リズムがあるようでなくて……二度と同じ気分や呼吸を経験することがないってことに気づきました」

「病気になって、自分がわからなくなることが多かったけど、瞑想をすると、一瞬だけわかった気になれるんです。一瞬だけ。それでいいと思っています。その一瞬、ほっとできる感じが大切な気がします」

まとめ

気分が「安定している」とは、どういう状態でしょうか。私たちが思っている以上に、気分は一定ではありません。気分とは、たやすく浮き沈みするものです。本章の執筆オファー

〈26〉Xuan et al.（2020）

を受けたとき、筆者の気分は大変高揚しました。しかし、締め切りが迫る中、遅々として筆が進まない日々を過ごし、憂うつが深まりました。本章の締め切りは、筆者の気分がどうであっても、何にも変わりません。気分に振り回されて、自分のすべきことがコントロールできなくなることの問題を身に染みて再確認しました。このような経験も踏まえて、気分の波に対処するためには、自分の気分の波のパターンを知り（心理教育）、それに向き合い（セルフモニタリング）、ほどよい気分の調節を図り（感情調節）、目の前のできることを一つ一つ丁寧に行っていくことが大切なのだと思います。

第3章 回避行動／抗不安行動

臨床心理学や認知行動療法においては、回避行動という言葉にはネガティブな印象がありますが、不快なことから逃れようとする行動や不快な事態が起こらないようにする行動[1]は、自分の安全を守るためになくてはならない行動です。また回避行動には不安という感情が強く関わっています。不安には、注意を促すサインの役割があると考えられています。変化に気づき、不安が高まることで、周囲の変化により敏感になり、危険を予測し、安全を確保しようとする行動を起こしやすくなります。その結果、危険から逃れることができ、不安が解消されます。危険と隣合わせの自然環境で暮らす野生動物は周囲の変化（刺激）に反応し、行動を変える個体ほど危険を回避できる可能性が高く、生き残る確率が高いと考えられます。[2] 人間の社会は自然環境よりはるかに安全ですが、人間も不安を感じ、危険

〈1〉前者を逃避行動、後者を回避行動と言いますが、どちらも安全の確保や不安を軽減する機能がある行動として両者を区別せずに回避行動と記載しています（諸先生方に怒られそうですが）。本章の事例には逃避行動も回避行動も出てきますので、読者の皆さんには、どの行動が逃避行動でどの行動が回避行動か考えながら読んでいただければと思います。

〈2〉脳の研究や記憶の研究（こうした研究は治療の参考になります）では、動物を用いた実験がよく行われます。マウスやラットに恐怖条件づけを行い、再び同じ刺激（状況）に遭遇させた際に恐怖反応が起こるかどうか確認することで、記憶の形成や貯蔵、想起を検証します。「恐怖」という感情を表す言葉が使われていますが、言葉がない動物は

を回避しようとする傾向があり、それが生活の役に立っていることも多いと思います。たとえば次の試験の成績にある程度不安を感じる人は勉強し、交通事故の不安を感じる人は交通ルールを順守した運転をすることが多いと思います。

しかし、安心や安全の確保に役立っている不安や回避行動が社会の中で不適切と見なされる行動となることもあります。授業中に当てられないように下を向く。試験前に大掃除を始める。約束に遅れそうなので信号を無視する。怖い先輩に会わないようにする。難しそうな仕事は断る。いやな気分を落ち着かせるために食べる、お酒を飲む、ゲームに没頭する、買い物をするなど、程度の差こそあれ、誰にでも経験があると思います。

回避行動が短期的には安心や安全、不快な状態の緩和に役立っていたとしても、長期的な視点からその人の社会生活を阻害していると判断される場合には、心理的支援の対象となります。さまざまな診断や問題で回避行動をターゲットとした働きかけを行うことがあると思います。実際の支援では、回避行動と同じ機能を持ち、社会的にも許容されやすい代替行動に置き換えることを目指すこともありますが、不安や不快さを避けずに社会生活の改善につながる行動を増やすことを目指すことも多いです。[3] また治療者や家族などの支援者も回避行動を行っていることがあります。支援者の行動で症状の悪化や暴力行為などが起こることを恐れて、必要な行動を先延ばしにしているような場合です。当面の安全や安定の確保のために必要な場合もありますが、問題を改善しにくくする場合が多いです。

生体反応や行動の変化が観察できるだけです。このため人間と同じように感情を体験しているのか知ることができず、動物が感情を持っているような表現（たとえば犬が不安がっている）は学術的には好まれないようです。でも動物を飼っている人の多くは直感的に動物に感情を感じていると思います。筆者の愛犬は筆者のことを大好きだと思います。

〈3〉たとえば、気持ちを落ち着かせるために自傷行為を行っている場合、問題なのは自傷というやり方であり、気持ちを落ち着かせようとすること自体が悪いわけではありません。気持ちを落ち着かせられる方法がいろいろあれば、自傷行為は減っていきます。しかし、強迫的な確認や洗浄のように、行う必要がない行動で生活が阻害されている場合支援者の回避行動が問題の継続に関わっている場合はその変容を考える必要もあります。いずれの場合も問題となっている行動がどのような環境でどのように維持されているのか、どのように変わることをその人が望んでいるのかを知ることが大切です。

事例紹介

この事例は、「歩く」という非常に日常的で不可欠な行動を扱ったものです。本書の目的に支障がない範囲で変更を加えた架空の事例ですが、支援者の回避行動も含めて検討したいと思います。

❖ 事例３「Bさんの場合」

Bさんは大学卒業後、現在の会社で30年間勤務しています。同僚とスポーツイベントに参加するなど人間関係は良好で、結婚歴はなく、自宅マンションで単身生活をしています。

腰をひねって痛めたため整形外科を受診。検査上異常はなく、安静に過ごし一旦改善しましたが、歩き始めると再び痛みが悪化しました。３か月後には松葉杖なしでは歩けなくなり、神経内科やペインクリニックを受診し、総合病院に入院して内科や泌尿器科の検査も受けましたが異常はなく、診断もつきません。症状はさらに悪化し、立ち上がることも

は、不安を感じても確認や洗浄をせずに生活を送り、時間を経過させることで不安が消えていくのを待てるようになる必要があります。

〈4〉痛みがあっても生活の工夫をすれば、状況を良くできる可能性が高いときでも、痛みに注意が向き、その改善に全精力を注ぐと問題から抜け出せず、悪循環に陥る場合があります。この状況をモデル化したEccleston & Crombez (2007)のmisdirected problem-solvingモデルを思い浮かべましたが、すでに受診予約済みだったこともあり、この段階で原因探しをやめるように勧めることはしませんでした。

困難で、日常生活もままならない状態になり、休職制度を利用するための診断が必要だったことから職場の勧めで精神科を受診。身体症状症の診断で入院、休職となりました。入院後も病棟で設定された入院期間（90日間）では改善が見られず、入院継続を希望したため療養病棟へ転棟。病棟では車椅子を使用し、外泊にも出なくなっていました。

面談開始前後のBさんの状況

事前聴取した主訴は、「入院して、悪くなるばかりで、歩けない、立てない。今後どうしてよいかわからない」というもので、Ｂさんの希望は「腰の痛みがなくなって、歩けるようになりたい」ということでした。気分の落ち込みや不安があり、自殺の計画について考えることがあるが、実際に行動に移すことはないと話していました。

Ｂさんは自発的に歩く練習を行っており、練習の記録もつけていました。腰痛に関する情報収集も積極的に行っており、腰痛は原因が特定できないことも多く、慢性の腰痛では安静は必ずしも有効ではないこと、できる範囲で活動したり、運動したりした方が回復は早いということも知っていましたが、脳神経外科でＭＲＩ検査を受ける予定で[4]、整形外科でリハビリが受けられないか、身体障害者手帳取得や福祉サービスなどの利用ができるかどうか調べているとのことでした。その後、脳神経外科では異常は見つからず、診断名の問題

事例３【概要】

クライエント	Bさん
年齢／性別	50歳代／男性
職業	会社員
家族構成	独身（一人暮らし）
診断	身体症状症
主訴	悪くなるばかりでつらい。腰痛がなくなって歩けるようになりたい。

でリハビリや手帳も対象外ということになりました。

面談開始後、痛みの心理的問題として①強い痛みを経験すると、痛みが怖くなる、②怖さから痛みを感じそうな活動を避ける、③活動しなくなることで身体能力が低下、精神状態も悪化し、小さな痛みにも敏感になる、④慢性的な痛みの場合、痛みがあっても動いた方がよいという考えが一般的になっている[5]、と説明してみたところ、安静よりも活動をしていくのがよさそうだということを再確認した様子だったので、「歩く練習は継続して、痛みがあっても〝歩けた〟〝できた〟ことに積極的に注目していくとよいかもしれませんね」と話してみました。[6]その後Bさんは5か月ぶりに外泊に出るようになり[7]、入院生活の制約や一人になれないストレス、退院して買い物や仕事がしたいという話も聞かれるようになりましたが、「自宅の室内を歩くのも大変」「以前よりも歩けなくなっている」「脳神経外科を受診しても何も見つからず、心因性となったらどうしたらよいのか」「病棟スタッフに退院に向けてやっていこうと言われたが、そのためには長時間歩けなければならない、死ぬしかない」と話し、車椅子を使った生活を続けていました。

また、Bさんは「病棟スタッフは忙しいので、話をしたり、歩くのを見てもらったりすることができない」「自分が受けたいと思う治療が受けられない」「治療が行き詰まっていると思う」「見放されているように思う」という発言をしていました。

〈5〉Vlaeyen & Linton(2000)の慢性痛のfear-avoidanceモデルを念頭に置きながら、一般論として説明しました。理論モデルを知っていると情報収集や治療仮説を組み立てるときには便利なのですが、そのまま伝えると、患者が説教をされた、否定されたように感じる場合もあります。一般論として紹介することで、支援者との面談をつらい、苦しいと感じ、支援者への回避行動が生じないように注意しています。また、情報が少ない段階では、患者を都合良く理論モデルに当てはめて理解してしまわないよう注意が必要だと思います。

〈6〉面談を始めて間もない頃は、伝えたいことを独り言のように声に出して、患者の反応を見ることがあります。この後の外泊再開はたまたまだった可能性もありますが、Aさんはハード

面談開始前後の病棟スタッフの状況

面談開始前の病棟スタッフや看護記録からの情報は次のようなものです。

・入院中に杖から歩行器、そして車椅子の使用と次第に歩くことが減少。
・身の回りのことは自立して行うことができ、他患との交流も活発、作業療法へも参加。
・自ら歩く練習をしているが距離は５メートル程度、毎日ではなくその時々の調子次第でやったりやらなかったりする。
・ウォーキングのプログラム中はバランスボールに座っており、歩く提案は断る。
・友人の車で外出することはあるが、外泊していない。
・病棟転棟前（入院２か月後、面接開始の５か月前）に実施された心理検査（ＰＯＭＳ）では、入院１か月後の結果よりも抑うつ、不安などが悪化。[8]

病棟スタッフの間では、Ｂさんは「歩こうとしない」「歩く練習をしているがスタッフがいるときほど、ふらついたりすることが多い気がする」という声がありました。また、歩くことを促すために車椅子の貸し出しを中止したところ、Ｂさんは友人が所有していた車

ルが高い課題にも取り組みそうだという見通しが持てました。

〈7〉最初の試行は失敗したと感じさせないことが大切です。通常は面談中に最初の試行が実施可能な課題を探しますが、Ｂさんはすぐに外泊が決まったので、自宅で生活できるようになるために、良くしたいことを探してくるようにお願いし、うまくいかない体験をしても、改善に役立つ収穫があることに目を向けやすくするようにしました。

〈8〉療養病棟転棟後、心理検査は実施されていません。心理検査の実施費用も定額の診療報酬額から捻出する必要がありました。面談開始に伴い心理検査の実施も考えましたが、評価尺度は使用せず、アセスメントは情報聴取やスケーリング・クエスチョンによる主観的な評価の確認にとどめまし

椅子を借りて、車椅子生活を続けました[9]。そういったエピソードが続いたことで、病棟スタッフには、「Bさんは歩けないことをアピールしており、どうしようもない」というような否定的な見方が強くなっていきました[10]。

Bさんの回避行動を考えてみる

「歩く」という行動も良い結果が得られるため維持されていると考えられます。歩けなくなると良い結果が得られなくなりますから、同じ結果を得るには再度歩けるようになるか、歩く以外の方法で補う必要があります。

Bさんは安静が改善につながらないことを理解しており、歩く練習を行っているにもかかわらず、改善していない状態でした。Bさんは痛みの原因を見つけ、改善することに注力していたものの成果が上がっていません。入院を延長し、歩かなくても生活可能な状況ですが、長くこの状況を維持することはできません。休職可能な残り期間や経済面に対する不安や焦りも強くなり、「歩けない」まま生活するため支援を受けようとしたものの、それも認められず絶望感を抱いていました。

歩く練習の際にBさんは腰の感覚（当初は「痛み」と表現していましたが、後に「腰が抜ける感じ」に変わりました）に気がつくと練習をやめていました。Bさんは「原因がわ

た。医師との相談や検査の手間を筆者が回避した面もあり、反省しています。

〈9〉貸出中止の際、「精神科病院で車椅子の数が少なく、他にも借りたいという人もいるので、Bさんに貸し続けることができない」と説明したようです。そこでBさんは友人から車椅子を借りるのですが、筆者は、Bさんは困ったときに支援を得られる健全な人間関係を持っていると感じました。また、腰を痛めれば病院での検査や治療を求めるなど、自分に必要な支援を常識的に考え、求める健全さがあると思います。Bさんの常識的で健全な側面が、Bさんを悪循環に陥らせたと言えるかもしれません。

〈10〉「困った人」「厄介な人」とつい言ってしまいますが、実際にはその人が「困った人」「厄介な人」なのではなく、その人に「自分がどう

からないと治せず、良くなったとしても、また悪くなったときに対応できない」と話しており、悪化への不安から、腰の感覚に注意が向きやすく、感覚の変化を感じると悪化を回避し、歩く練習をやめるため結果的に長く歩かなくなっていました。そのため自立して生活できる見通しが持てず、気分状態が悪化し、破局的な見通しや腰の感覚の敏感さが強まり、歩かないことによる筋力の低下も腰の感覚に影響を与えたと考えられます。腰痛の悪化を回避しようとした結果、歩けなくなり、今後の見通しが立たない状態が維持されていたと言えそうです（図３－１）。

病棟スタッフの回避行動を考えてみる

治療や支援を行っている人（病棟スタッフ）は患者の改善に喜びややりがいを感じると思います。治療や支援により患者が改善することで、治療や支援する行動が増え、維持されると考えられます。しかし、治療や支援をしても改善しない、あるいは、悪化した場合、治療や支援をする行動も減ると考えられます。

病棟スタッフはＢさんについて、さまざまな検査をしても腰痛が起こるような問題はなく、病棟内での身体の動きを見ても、「歩ける」と考えていました。しかし、歩くことを強く促していたわけではありませんでした。

対応するか困っている」「自分が工夫しないといけないのが厄介」なことが多いような気がします。

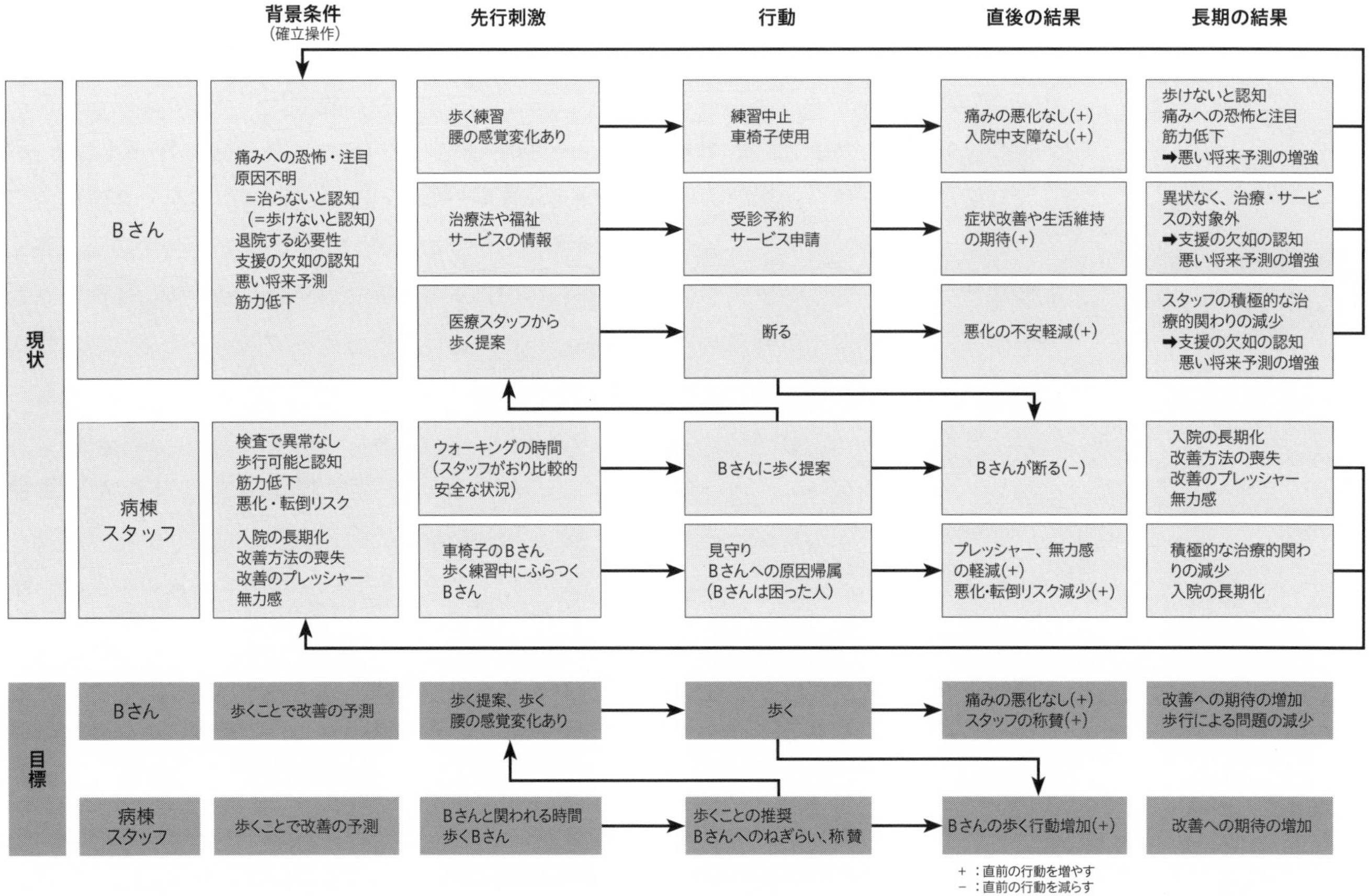

図3-1　問題の定式化と目標

Ｂさんの希望する治療は腰痛の治療や歩けるようになるためのリハビリなので、理学療法や歩行訓練の設備がない精神科の病棟では実施できません。「歩ける」と考えている病棟スタッフは、車椅子生活を続けると筋力の低下を招き、余計に歩きにくくなるため、歩くよう促しますが、「歩けない」「原因を把握して治療しないと悪化する」と考えるＢさんにとっては受け入れることができません。病棟スタッフにしてみればＢさんは歩けるのに歩かず、必要もなく実施もできない治療を希望し、現実的な治療上の提案を受け入れず、退院を先延ばしにしているように見えます。歩くことを勧めても歩かず、入院が長期化する焦りや苛立ちがあり、Ｂさんが自分で歩く練習をしていることよりも、歩いていないことに注目しやすくなっていたと考えられます。

一方で病棟スタッフも、Ｂさんの腰痛が１００％心因性と言い切ることはできず（未発見の問題があるのではないかという不安）、車椅子生活から筋力が低下する中で、歩行訓練を行える専門職や設備もない[11]中で歩かせて、転倒事故や万が一の悪化が起こる不安があり、歩かせた方がよいとは考えながらも、Ｂさんの同意が得られない以上、歩くように強く促すことを回避していたと言えそうです。

〈11〉この病棟は一日あたりの包括評価制度（ＤＰＣ）が適用され、治療の内容にかかわらず一日の診療報酬額が一定です。また、入院中に他科を受診した場合、その日の入院費が減額され、場合によっては他科の受診費用の一部を入院中の病院が負担しなければならないなどの制約もありました。病院は利益追求が目的ではないとはいえ、経営状態はサービスの質と無関係ではなく、一人ひとりのコスト意識は大切です。収入が落ちても必要な治療は行い、専門の診療科への受診をしていただきますが、この事例の場合、他科を受診しても改善につながる可能性は低く、かといって転倒などのリスクが予想される中で、安全に練習できるハード・ソフトがないという状況で、病棟スタッフに葛藤があったと思います。とはいえ理

病棟スタッフへの働きかけ

Bさんの歩く行動を増やすためには、行動が起こった直後に、Bさんにとって良いことが起こる必要があります。Bさんは病棟スタッフから「見放されている」と感じていましたが、Bさんは病棟スタッフとの関わりを求めていました。そこでまず病棟スタッフにBさんが歩いていることに注目し、ポジティブな関わりを持ってもらうことが重要と考え、病棟スタッフへの働きかけを行いました[12]。

まず病棟師長と担当スタッフに、病棟スタッフの間でBさんへの否定的な見方が強まり、悪い影響が出ないようにしたいと伝えました。そして「Bさんはアピール的」と考えることで、Bさんを看護・支援する自分たちの感情や行動に良くない変化が現れるかもしれないことへの注意をスタッフ内で確認してもらいました。その上でBさんの行動が維持されている理由を説明し、同時に病棟スタッフで「歩こうとしていること」「歩いてみていること」に注目し、積極的に褒めたり、ねぎらったり、応援したりする声かけをしてもらうように依頼しました。また短時間でもBさんの歩く練習につき添う時間をつくるようにしてもらい、作業療法士にも個別の作業療法の枠内で、Bさんと歩く練習を行ってもらうようにしました。

病棟スタッフへの働きかけをBさんへの働きかけの前に行うことで、Bさんが歩くこと

想的な状況でないから困った問題が起っているわけで、その制約の中で柔軟に工夫することが支援者にはとても大切だと思います。

〈12〉家族や支援施設の職員、職場の人など支援者へ働きかけを行う場合、家族には来院してもらいますが、支援施設や職場へは出向くこともあります。可能な限り本人の過ごす環境を見せてもらい、直接関わるスタッフや上司から話を聞きながら、無理なく続けられる工夫を考えるようにしています。

〈13〉初回面接からこの提案への同意が鍵になる可能性が高いと思っていました。話を聞き、問題を整理してみると、抑うつ気分や不安を強めているのは仕事や生活の問題でした。改善したい問題が仕事や生活であれば、この提案にBさんは同意すると考えていました。

を増やし始めたときに病棟スタッフからポジティブな反応を得やすくなります。Ｂさんが歩くことは病棟スタッフにとっては望ましいことですから、病棟スタッフのＢさんへのポジティブな働きかけで、Ｂさんが歩く行動が拡大すれば、病棟スタッフの働きかけも維持されやすくなります。この後、病棟スタッフからＢさんへのネガティブな意見を聞くことは次第に減っていきました。

Bさんへの働きかけ

Ｂさんへの働きかけで目指したのは、入院生活の中で歩く行動を増やすだけでなく、退院後、一人で生活する中でも、自分で歩く行動を維持・拡大し、再び腰を痛め、一時的に安静に過ごすことがあっても、自ら歩くことを再開できるようにすることでした。

Ｂさんには、心理療法には直接的に痛みを緩和させる手段はないが、痛くても歩けるようになれば、Ｂさんが抱える仕事や生活の問題は解消でき、結果的に痛みが改善する可能性があるため、まずは「痛みがあっても歩く」ことを目標にしてみないかと提案しました[13]。Ｂさんは「痛みがあっても歩けるのなら悪くないと思う」とのことで、病棟スタッフや作業療法士もＢさんの歩く練習を支援するので、これまで続けてきた原因探しや支援探しは一旦置いておき[14]、病棟や外泊時に歩くことを増やしていくことで同意しました。

面談の中でBさんに起こっていることや、本当につらいのは何か、どうなりたいのかを整理、確認し、痛みの心理的モデルをもとに検証し、歩くことで改善が得られそうだとBさんが思いやすくなるように、試行錯誤しながら、提案のタイミングを慎重に探り、緊張しながら提案したことを覚えています。患者が早く改善することは良いことですが、支援者が一方的に「早く良くしてあげよう」とすると失敗します。支援はその人の理解や信頼の構築の上に成り立つので、そこに必要な時間をかけることは結果的に改善を早めると思います。もちろん、この事例で同意を得るまでの時間をより短くできる工夫がなかったか検討する必要はあります。

〈14〉それまでのその人の考えや努力を否定してしまわ

その後は、歩く練習を増やしていくことからスタートし、練習以外でも生活場面で歩くことを増やし、杖などの補助具の使用をやめていく方向で、どんなことならやってみることができそうか毎回話し合いました。そして、次の面談でBさんから報告を聞き、また話し合うことを繰り返しました。Bさんにはその時々の候補の中で「頑張れば何とかやれそう」な課題を選んでもらっていました。Bさんは大抵それ以上に難しい課題に取り組んで、次の回に報告してくれました。[15]

また、面談中はBさんに「できたこと」「頑張ったこと」を話すことを求め、積極的に褒め、賞賛するようにし、それを病棟スタッフにも伝えるように促しました。病棟スタッフのポジティブな反応を引き出しやすくし、同時にBさん自身がポジティブな面に注意を向けやすくする意図がありました。

Bさんが歩いているところをビデオ撮影し、自分が歩いているところを客観的に観察してもらうこともしました。[16]「歩けない」という考えに働きかける意図もありましたが、ビデオ撮影に担当看護師と作業療法士に同席してもらい、病棟スタッフがBさんとともに「歩けるようになる」ことを目指していることを伝えるねらいもありました。

ないように、今まで頑張って試してきたやり方では今のところ期待する成果が上がっていないようなので、この機会に別な選択肢を集中的に試してみることを提案するようにしています。それまでのやり方が間違っていたのではなく、そのときの問題や状況と合っていなかっただけで、場合によってはそのやり方が適切な方法になる場合もあります。こちらから提案する方法にも成果が上がらない可能性があります。選択肢を増やし、しばらく試してうまくいっていなかった場合は、その経験から何が学べるかを考え、別な選択肢を試していけるように柔軟性を高めることが、支援の基本的な目標だと思います。

〈15〉課題の難易度やできる自信を数値化して、課題を選ぶ場合はありますが、強迫症や不安症のエクスポー

表3-1 Bさんの歩く行動の拡大（月単位で看護記録とBさんの報告を要約）

面談開始１か月 ・１泊２日で外泊を再開、室内を歩くのも大変、長時間歩けないので生活できない。
Bさんおよび病棟スタッフへの働きかけを開始
面談開始２か月 ・ウォーキングのプログラムで歩いた。 ・病棟の階段を上れた。 ・食後の定期薬をもらいに、病室からナースステーションまで杖で歩いた。 ・就寝前のトイレは歩いて行く。 ・１泊２日の外泊時、１日目は歩けた。
面談開始３か月 ・２泊３日の外泊。 ・外泊時、駐車場の自家用車まで歩いて往復。 ・ちょっと調子が良いと退院できるかなと思うが、続かないので、やっぱりダメだと思って落ち込む。それでも歩く練習はするようにしている。
面談開始４か月 ・食後の定期薬をもらい行くときは杖を使わずに歩いている。 ・食事の際に病室からデイルームまで歩いている。 ・面接室前で車椅子を降り、歩いて入室し椅子に座る（それまでは車椅子のまま面談）。

Bさんのその後の経過

Bさんは入院中、車椅子の使用を続けましたが、看護記録と面談時のBさんの報告を追っていくと、歩く行動が拡大していく様子が確認できます（表３－１）。退院１か月後にフォローアップのためお会いしたときには、笑顔で自分の足で小走りに駆け寄ってきて、「良くなりました!!」というのが第一声でした。

退院前は自宅マンション内の生活にも車椅子が必要と思っていたそうです。退院してすぐにマンション内なら車椅子なしでもいけると思うようになり、買い物などは近場から徐々に歩いて

ジャーの場合は「今一番自分を怖がらせることができる」課題を考えてもらったり、選んでもらったりしています。なお、Bさんはもともと練習記録をつけていましたが、実生活の中で歩いた報告は口頭でしてもらい、記録を求めませんでした。Bさんの行動は看護記録からも確認できたためですが、入院中でなければ記録するようにお願いしたと思います。

〈16〉社交不安症の治療では、本人の「できていない」「否定的な評価を受ける」という考えに働きかけるため、ビデオフィードバックを行うことがあります。「自分で思っているよりできている」と気づくことが多いですが、実際に改善した方が良いことが見つかることもあります。改善点が見つかった場合は、SSTの技法を用いて改善を図ってい

行ってみたり、親の病院受診につき添って、車椅子を使わずに広い駐車場や建物を移動するなど必要に迫られた面もあったりして、少しずつやって、できたことを繰り返したのが良かったと思うと話されました。最後に「また腰を痛めたらどうしますか」と尋ねると、「痛くても歩いてみると思います」という返答が返ってきました。

Ｂさんは10か月間入院していましたが、退院１か月後には職場の復職訓練を開始し、３か月後には復職を果たしました。復職後もしばらく通院は続け、腰の痛みを訴えることはありましたが、通院が終わるまでの間に歩けなくなることも、仕事を休むこともありませんでした。

自然に維持される行動を考える

Ｂさんは入院中ということもあり、支援者（病棟スタッフ）の状況も把握し、働きかけることができました。面談開始前からＢさんには歩く行動はありましたが、病棟スタッフのポジティブな働きかけがＢさんの痛みを避けずに歩く行動を増やし、歩く行動の増加が、病棟スタッフのポジティブな働きかけを増やすように、Ｂさんと病棟スタッフの双方へ働きかけを行いました。そして、歩けた経験がＢさんに退院しても生活できる見通しを持たせ、実際に退院し、生活の中で歩いてさまざまな課題を解消できたことで、Ｂさんの歩く

きます。

行動はさらに増加したと考えられます。

行動は、行動の後に良い結果が得られる、あるいは悪い結果を避けられることで増加・維持され、悪い結果が得られる、あるいは良い結果が得られなくなることで減少します。この原理から考えると、長期的には本人の利益にならない行動でも、その行動の直後には良い結果が起こるため、その行動が繰り返されやすくなるのも当然と言えます。だとすると長期的には利益になっても、短期的には利益にならない行動を増やし、維持するのは困難なように思えます。また面談室の中で働きかけることができるのは面接室内で起こる行動に対してのみであり、回避行動が実際に起こっている場面で働きかけることは難しいことが多いです。しかし、行動の連鎖に着目し、働きかけることができるところから、変えやすいところから、小さなトライアル&エラーを繰り返し、工夫をすることで、望ましい行動が自然と維持される状態をつくることは不可能ではありません。

一方的に治すのではなく、今何が起こっているのか、どうなりたいのか、どうすればそうなれるのかを整理すること。理論モデルや技法を参考に、患者自身がやってみようと思えることを、実際に体験しながら学ぶことが大切です。特に回避行動／抗不安行動では、避けたくなること、不安になることを行うことになるので、急ぎすぎずに必要な時間を使うことが大切です。

第Ⅱ部　嗜癖行動・自傷行為

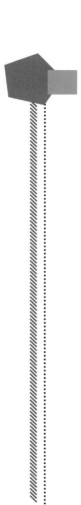

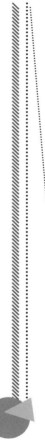

第4章
ギャンブル行動
——刺激を遠ざけ、感情を豊かにしていく

ギャンブル障害は、たとえば、パチンコや競馬をはじめとするギャンブル行動の度がすぎ、それが長期的に繰り返された結果、さまざまな悪影響が出てきてしまう精神疾患です。ギャンブル障害によって生起する悪影響には、借金をはじめとする経済的損失は言うまでもありません。その他にも、裏切られたと思っている家族から信頼されなくなったり、離婚や別居に至ったりなど、家族や周囲の人々との対人関係の破綻・衝突があります。学生であれば、ぎりぎりまでパチンコ屋にいて授業に遅刻したり、場合によっては授業を欠席してしまったり、社会人であれば、仕事中にギャンブルのことやギャンブルで失ったお金のこと、それをどうやって返済していくかを考えたり、といったような、仕事や学業面での生産性の低下などがあります。そして、これらの悪影響に伴う精神面・健康面への悪影

響なども含まれます[1]。朝から晩まで、トイレ以外の休憩や食事もとらずに、同じパチンコ台やスロット台に座り続け、それが繰り返されることで栄養面の問題が出てきたり、腰痛といった身体的な問題が出てきたりすることもあります。

本章では、ギャンブラーが直面している悪影響につながりやすい不適応的な行動の特徴、そしてそれが及ぼす実際の悪影響について、事例を通して概観します[2]。そして、各不適応行動に対応する形で、置き換えていくべき代替行動について紹介していきます。なお、ここで取り扱うギャンブル行動には、競馬、競輪、競艇をはじめとする公営ギャンブルに加えて、パチンコやパチスロをはじめとする各種遊技、オンラインカジノやカジノでのギャンブルが含まれます[3]。

ギャンブル障害の事例

事例４のクライエントを通じて、過度のギャンブル行動によって生じる悪影響に直面しているクライエントのギャンブル行動をどのように低減し、そしてその人の生活をより活力のあるものとするかについて考えていきたいと思います。

〈1〉Langham et al.（2016）
〈2〉この章では、ギャンブラー本人の問題およびそれに関する代替行動について取り扱いますが、ギャンブル障害は家族や周囲の人々にも悪影響を及ぼします。たとえば、家族や周囲の人々のギャンブル・酒等の問題や、関連した家族間の暴力（これには、本人からの暴力だけではなく、本人への暴力も含まれます）があります。
〈3〉日本ではまだ、国内でプレイできるカジノはありませんが、いわゆるバカラ等をはじめとして、海外のカジノで行われているようなギャンブルができる闇カジノが存在します。加えて海外のオンラインカジノは、クレジットカードの登録をすれば日本でもプレイすることが可能です。

❖ 事例4「Cさんの場合」

Cさんは、40歳代後半の会社員の男性で、妻と高校2年生の息子と暮らしている3人家族の大黒柱です。主にパチスロにはまってきたCさんは、大学3年生の冬にサッカーサークルの先輩に連れられて初めてスロットに行きました。先輩からは「勝っても負けても、夜ご飯はおごるから、社会勉強と思って2～3万円打ってみたら?」と言われ、塾講師のバイトで貯めたなけなしの2万円を握りしめ、先輩の隣に座って打ち続けること1時間弱。ものの見事に2万円は機械に吸い込まれていき、後悔だけが残るパチスロ初体験でした。1万円弱勝った先輩に焼肉をおごってもらいながら、「全然面白くなかったですよ。10回分の塾講師代が一気になくなって、今月残りどうやって生活すればいいんですか!」と先輩に文句をたれ、一方、上機嫌な先輩はそれを肴に気分よくおいしそうに焼肉を食べていたとのことです。先輩との別れ際に、「C、明日はリベンジしてこい」と言われましたが、そのときは「二度と行くか」という気持ちで、肩を落として家路につきました。しかし、翌朝目が覚めると、「取り返さないと、ほんとに今月やばいよな」と思い、とりあえず大学の講義に

事例4【概要】

クライエント	Cさん
年齢／性別	40歳代後半／男性
職業	会社員（家電量販店の営業）
家族構成	妻、子ども
診断	ギャンブル障害
ギャンブル歴	大学時代から約30年間、主にスロットが中心。
特徴	過去4回の借金（50万円、200万円、150万円、500万円）は親が肩代わりしてくれたが、その後の500万円の借金が妻にばれ、以降は自身で返済中。借金を肩代わりしてもらうたびにやめようとしたが、半年から1年でまた始めてしまった。当初ギャンブルは人間関係を構築、継続するための手段として行っていたつもりだったが、徐々に一人で行うようになり、就職後は必ず帰りにパチンコ屋に寄るようになっていた。
問題行動が続く理由	最初はつき合いであったが、今は、妻に何か言われないかびくびくしていてあまり家に帰りたくないため、ついパチンコ屋に行ってしまう。

出席しますが、お金のことばかり考えてしまい、講義が終わった午後3時前に、昨日先輩と一緒に行ったパチンコ屋に一人で行きました。やり方はわかっていたので、一人で行くことに後ろめたさも恥ずかしさもなかったようです。生活費を考えると、使えるのは1万円だけだったそうですが、開始から2千円くらいのところで、一回目の当たりがきました。その後、少しメダルが増えてきたな、と思っていたところ、パチスロの画面がショートし、Cさんが驚いて周りをきょろきょろ見回していたところ、隣の男性から「それやばいやつです」と言われたそうです。その後、1枚20円のメダルが5～6時間出続けて、なんと手にしたお金は50万円を超えていたそうです。[4] そのときはわけもわからず、ただただレバーを押してリールを止めるだけだったのですが、そのときの体験が家に帰ってからも頭の中で繰り返され、周りからの視線や、きらびやかな画面、メダルの音、たまったメダルを大きな箱に詰める作業など、すべてが至福の雑用のように感じられたようです。その後も何度か講義が終わった後にパチンコ屋に通い、その月は70万円ほどのプラスでした。しかしながら、常に勝ち続けることができないのがギャンブルです。一度に10万円負ける日も出てき始め、そのときも「最初の大勝ちがあってまだプラスだから大丈夫」と考えていました。続けているうちに徐々に負ける回数とその金額が増え、最初に大勝ちした50万円はおろか、貯金していた20万円も数か月でなくなり、クレジットカードのキャッシング機能の50万円を使い尽くしてしまうほどでした。当時は家族と同居していたので、明細書を見た

〈4〉4号機と呼ばれる超ハイリスク・ハイリターンのパチスロを知らないで打っていたCさん。2021年現在では、パチスロ業界にも規制がかかり、長い時間遊べてもリターンは（この当時に比べると）わずかです。昔のパチスロやパチンコを知っているクライエントから、4号機時代は良かった、昔は良かったという話を聞くのはよくあることです。クライエントを知るという意味でも、そのような昔話はぜひ聞いてあげてください。もちろん、良かった話だけではなく、悪かった話も含めて。

両親に借金が発覚、お酒は飲まない、タバコも吸わない、ましてやギャンブルなどもってのほかの両親からこっぴどく叱られ、ギャンブルは二度としないことを約束し、その後の大学在学中はギャンブルをせずに生活ができたとのことです。Ｃさん自身も反省して、時間もお金も浪費してしまったと後悔したようです。その後、家電量販店に就職し、営業を担当することになりますが、３年目の夏に事件が起きます。それは、日々のストレスがたまりつつあった、気温が40度に迫る真夏日の、営業回りを終えた午後３時半頃のことでした。上司にはすでに直帰の連絡をしていました。トイレ休憩ついでに涼もうと、立ち寄ったパチンコ屋で、１時間だけ、汗が引くまでだけのつもりでスロットを打ったことが、再ギャンブルのきっかけでした。その日偶然にも、以前打っていたスロットの後継機があり、[5] １時間の遊技後、５万円のプラスになりました。その後は、再発・借金発覚・反省を繰り返しながら、20年間で総額約１４００万円の借金をし、現在も５００万円の借金を毎月３万円ずつ返済しながら、月２万円ほどの小遣いをパチスロに使ってしまっています。現在は、楽しみやつき合いというよりもむしろ、家庭での居場所がなく、妻とも顔を合わせたくないことから、[6] 特にやりたくなくても仕事終わりには逃げるようにパチンコ屋に行っているとのことです。

〈5〉パチンコやパチスロで人気のある機種は、シリーズものとなって第2弾、第3弾が出ます。それらを後継機と呼びます。ギャンブラーのあるあるですが、後継機が出るたびに、「前回と違って今回はここが良い、ここがダメだ」と専門家にでもなったかのようにギャンブラー同士で議論し合うことがあります。つまり、このような後継機が出てくるときは、ギャンブルをした

ギャンブル障害の支援にあたって

さて、ギャンブルの問題に直面しているクライエントに対する臨床心理学的支援を行う際に、最も重要な治療の目標は、言うまでもなくギャンブル行動（ギャンブルをした日数や時間）とそれに費やす金額の減少です。これらを減らすことがCさんの生活を改善していくためにはとても重要です。ギャンブル障害は、うつをはじめとするネガティブな感情や、対人関係の問題、発達や認知機能の問題、はまりやすい特性など、さまざまなものがその背景に存在します。つまり、ギャンブル行動はたまたま結果として表に出てきている不適応的な問題であるとも言えます。この場合、そういった背景にある問題の解決を図ることが、ギャンブル行動の低減・消失につながることもあります。しかし、本章ではギャンブル行動そのものに焦点を当て、いかにそれを減らしていけるかについて考えていくことにします。

また、他の依存症治療とも共通するとても重要な概念として、ハーム・リダクションというものがあります。ハーム・リダクションとは、「物質の使用や不適切な行動による悪影響を減らすための取り組みや支援」のことを指します。[7] ギャンブル障害の支援の文脈では、「ギャンブルを完全にやめること」に支援者がこだわらないことが大切です。つまり、「ギャ

くなる、とてもリスキーな時期とも言えます。

〈6〉妻がギャンブルをしていないかどうかを確認してくるのは、自分のことを心配しているからだということはCさんも重々承知していて、自身がまいた種であることもわかってはいるものの、どうしても妻のその「確認」がストレスになってしまっているとのことでした。

〈7〉ハーム・リダクションを詳しく知りたい方は、松本（2019）を参考にしてください。

ンブルはするけれども、社会的、健康的な悪影響を可能な限り減らしていく」という選択肢があるということです。ギャンブルを絶つ方向性（つまり、やらない日をいかに多くするか）で支援を進めていくことは間違っていないのですが、ある程度の確率で再使用（ちょっとやってしまった）・再発（以前の状態まで戻ってしまった）[8]に至るのがギャンブルを含めた依存症者の特徴でもあります。もちろん、支援者も周囲の人々も、本人が二度とギャンブルをしないようにするために尽力するわけですが、再使用・再発を考慮していることで支援の幅も広がっていくと思っています。この再使用・再発を考慮した支援というのが、ハーム・リダクションの考えであり、再使用・再発の悪影響をできる限り小さくしていく対処方法を、支援の中でも常に意識し、クライエントと事前に考え、実践できるように準備しておくことがギャンブル障害の治療では大切です。前置きが長くなりましたが、これらの前提を踏まえて、Cさんの不適応行動に対する代替行動を考えていきましょう。

Cさんの不適応行動とその悪影響

まずは、Cさんの不適応行動を細分化していきましょう。ギャンブル行動の改善を狙っていく上では、「ギャンブル行動」そのものはもちろんのこと、「ギャンブル行動につなが

〈8〉嗜癖行動や依存症の治療において、「再使用」「再発」という現象は様々な言葉で表現されます。「再使用」には「スリップ」「ラプス」という言葉を、「再発」には「リラプス」という言葉を用いることがあります。「再発予防」を意味する「リラプス・プリベンション」という言葉もあります。これは、再発（リラプス）、つまり以前の依存状態に戻らないようにするための予防的な取り組みを指します。本書では、「再使用」については「再ギャンブル」「再飲酒」などに置き換え、何が再使用されたかを明示することにしました。

る可能性の高い行動」も不適応行動と捉えます。Cさんの不適応行動のパターンを明らかにし、それをCさんと共有していくために、Cさんの1週間の様子を聞き取っていきましょう。[9] もし、平日はしないが土日は必ずする、というようなパターンが事前にわかっていれば、1週間ではなく、1か月くらいの期間で尋ねるとよいでしょう。要は、三~四つのパターンを話してもらう中で、不適応行動のパターンを浮き上がらせることができればよいです。

初期にはいわゆる「ギャンブルの代わりの行動」には触れない

この時点で、この書籍のタイトルにある「代替行動」つまり「ギャンブルの代わりとなる行動」を身につけることが、ギャンブル障害では大事ではないのか、と疑問に思われた読者はとても鋭いです。しかしギャンブル障害では、ギャンブルに取って代わる行動を身につけることは治療が進んできた後で、具体的には「ギャンブルをしない日が多くなってきた時点」から取り組み始めることがより効果的です（ギャンブルをしない日が○日続いた後、という風に具体的な日数を断言することはできないのですが、最低でも1か月間ギャンブルをしない日が続いた後でよいと筆者は思っています）。では、なぜギャンブル行動に取って代わる行動を治療の初期に取り組むことが適切ではないのでしょうか。その理由は、

〈9〉いわゆる機能分析ですが、情報収集の入り口としては、「Cさんが最近したギャンブルの様子を教えてください。どんなきっかけで、ギャンブルをしたいと思い、そしてギャンブルに至り、ギャンブルをした結果、Cさんにどんな良いこと、悪いことがありましたか」といった質問が良いと思います。

ギャンブルの問題に直面している人たちの脳機能的な特徴に由来します。実は、ギャンブルの問題に直面している人たちにおいては、ギャンブル歴が長ければ長いほど、自分自身が行っているギャンブルにしか興奮しなくなってしまうことがわかっています（過去の研究では、本来誰もが興奮するはずである性的な刺激にも反応しなくなったことが示されています）。あわせて、ギャンブル障害は「興奮」だけでなく、「喜怒哀楽」といった感情も抱きにくくさせます。ギャンブル以外で気持ちの変化を自覚しづらくなります。このような特徴は、ギャンブル以外の活動として支援者から勧められた適応的な活動に取り組んだとしても、「（スポーツ後に）汗を流して気持ちいなぁ」「（映画を見た後に）感動したし、映像や音楽も素晴らしかったなぁ」「（読書をした後に）感慨深い気持ちになるなぁ」といった、一般的にはポジティブな活動に対してもたらされる感情や興奮が、ギャンブルの問題に直面している人たちには感じられない可能性があることを示しています。つまり、頑張って取り組んだとしても、そこにメリットが伴わないため、その代替行動を定着させることが難しいのです。そのために、治療の初期には、いかにギャンブル行動およびギャンブルをしたいという気持ちが出てこないように日々の生活を見直すか、という視点が重要です。その意味で、生活スタイルを変えていくということがポイントになってきます。

ギャンブルにつながる刺激を避けるような生活スタイルを送る

表4－1は、Cさんの過去1週間のギャンブルに関する情報を聞き取り、Cさんの1週間の不適応行動のパターンを整理したものです。これを見ると、Cさんのギャンブルにまつわる不適応的なポイントが浮かび上がってきます。繰り返しますが、治療の初期は、さまざまな情報から不適応的なパターンを上手に見つけることを重要視して、その中からギャンブルの「きっかけ」となる状況をピックアップしていきます。ここで大切なことは、「きっかけ」には、ギャンブルに直接つながる場面（たとえばギャンブル場の前を通りすぎる）だけではなく、ギャンブルから離れているように見えるが、最終的にギャンブル欲求が高まる刺激へとそのきっかけがチェーンのようにつながっていく状況（たとえば、「ギャンブルをしようかな」という考えに至るような状況の一つとして、芸能人がギャンブルで100万馬券を当てたというニュース）や、ギャンブルをすることができる状況、つまり「金銭的な余裕」を感じる状況（職場で、近いうちに全職員に臨時の給付が出るらしいという情報が手に入る）をピックアップします。

さて、表4－1から見えてくる、Cさんのきっかけはどういうものでしょうか？　かなり、具体的に記載してあるので、きっかけを見つけやすいと思います。たとえば、月・火

表4-1　Cさんのギャンブルに関する1週間

時刻	月	火	水	木	金	土	日
6:00							
7:00		通勤中の電車でパチスロのYouTube動画を視聴する。					
8:00							
9:00						仕事は休みだが、パチスロをするお金もなく、ネットで新台の情報を見たり、コンビニに行き、パチスロ雑誌を読んだりする。	朝からパチンコ店に並ぶ。朝一の、打ち始める前の雰囲気に幸せを感じる。
10:00							
11:00							
12:00		外回りの仕事が15時に終わるので、上司に直帰すると伝え、パチスロに行こうかなと考え始める。		昼休みに職場の最寄り駅のパチンコ店の情報をネットで確認。朝から結構当たりが出ていることに気づき、ふつふつとパチスロへの欲求が湧いてくる。			
13:00							早い時間帯に当たりを引くも続かず、昼過ぎに1万円が尽き終了。すれ違いにパチンコ店に来る客をうらやましく思いながら家路につく。
14:00						お金もなく、YouTubeでパチスロの動画を視聴することにも飽きてきて、身体も疲れてきたので昼寝をする。	
15:00	昨日のパチスロでの負けが頭から離れず、仕事帰りに行きたいと考える。						
16:00		パチスロ開始。					
17:00				定時前に営業先から電話が入り、急遽1時間の残業が決まり、気分的にイライラする。			
18:00	仕事終わりに、最寄りの駅の店でパチスロ。	2万円負けたところでATMに2万円をおろしに行く。					
19:00			昨日の大負けを反省し、家に帰る。YouTubeでパチスロ動画を視聴。		昨日の負けのため、手持ちの軍資金がゼロに。むなしく帰宅する。		
20:00				予定より1時間半遅れでパチスロ開始。狙っていた台がすべて別積み[10]しており、今日出ていない台がここから盛り上がることを期待するが、3万円負け。		週明けが給料日なので、小遣いの前借りを妻に頼み、1万円だけ借りる(お金は妻が管理している)。	今週負け続けたことを振り返り、月曜日からの仕事に身が入りそうにない感覚に陥る。
21:00	2万円の勝ち。妻の分も含めてビールを買って帰る。	合計3万5千円の負け。途中、数千円負けまで盛り返すが、プラスに持っていこうとして、結局大負け。					
22:00			明日はいつも行くパチンコ店の隠れイベント日(7のつく日)なので、どの台で打とうかと、その店の情報をネットで見ながら考える。				
23:00							
0:00							
1:00							
2:00							

〈10〉別積みとは、大当たりが続くことで手にした大量のメダルやパチンコ玉を別の場所に置いた状態でプレイをすることです。なお、別積みは店員がしてくれます。

曜日の日中には、実際にギャンブルしようと考えていることがわかります。また、水曜日の夜、木曜日の日中には、ネットでいきつけのパチンコ店の情報を見ています。木曜日の夕方には、急遽残業をせねばならず「イライラ」しています。ストレスもギャンブルにつながる危険なきっかけの一つと考えてください。土曜日の夜には、臨時収入（小遣いの前借り）が生じています。このようにクライエントとの会話を通じてきっかけを明らかにしていき、それらを取り除くことができる場合は、極力取り除く方法（刺激統制法）、もしくはそれに対処する方法（コーピング）を一緒に考えていきます。たとえば、仕事中にギャンブルのことを考え始めていることについて、「考え」を止めることは基本的にできませんが、ここで大事なこととして、「本当に」突発的に、何の外的なきっかけもなく、ギャンブルに関係する考えが浮かんできたのかどうかを疑ってください。Cさんはカウンセリングの中でも、「急に、パチスロのことがふっと湧いてきたんですよね～」と話していましたが、ここはあえて、もう一押ししてみてください。[11] たとえば「ギャンブルについて考えたとおっしゃっておりますが、もう少し、〝その前に〟何をしていたか、教えていただけませんか？」というように尋ねます。うまくやりとりができると、たとえば、月曜日の朝の通勤途中に、朝と昼の弁当を買いにコンビニに寄ったとき、財布に千円しかお金が入っていないのを見たことから、「昨日はやめておけばよかった」と一瞬後悔していたかもしれません。昼に弁当を食べるとき、またそのことを再確認したかもしれません。そして昼すぎに、表４－１

〈11〉筆者は話を聴く中で「本当にそうなの？」という自動思考が出てくることが多いです。そんなときは、クライエントに確認することもあります。つまり、ここではギャンブルについて考え始めたときの状況をもう一度整理してみることで、「本人はギャンブルにつながっていると思っていないが、よくよく考えてみるとギャンブルにつながっているきっかけ」がそこにあるはずです（雪だるまをイメージしてもらうとよいですが、最初は小さな雪の塊だったものが、転がしていくうちに巨大な雪の塊になっていくのと同様に、ギャンブルの欲求・考えも、最初は「えっ、これが」と思うものが気づけば抑えがたい欲求に変わっているものなのです。

にあるような、仕事帰りにパチスロに行きたいという気持ちになったのかもしれません。一見、これらの三つの状況は独立しているように見えるかもしれませんが、ギャンブルのリスクを減らすという意味では、一つでもこういったギャンブルにつながる可能性があれば、地道に火消ししていくことが大切です。具体的には、「財布を見る」という生活スタイルを変えるために、朝食・昼食は「家でおにぎりや弁当をつくって（つくってもらって）持参する」「財布ではなく、電子マネーにお金を入れて生活をする」などが可能です。ギャンブルと弁当に何の関係があるのかと思うかもしれませんが、火消しには役に立ちます。これが、ギャンブルにつながる刺激を避ける生活スタイルです。

ギャンブルにつながる刺激にたどり着く方法を面倒にする

また、Cさんのように、ネットで関連情報を検索することがギャンブルのきっかけとなっている場合は、どのように対応するとよいでしょうか。最近では、検索エンジンやネット広告は、自動的に利用者の検索履歴に基づいて関連する情報をどんどん流し込むようにプログラムされています。そのため、何気なく天気予報や社会情勢を見ているつもりでも、自動的にギャンブルのニュースが出てきてしまうので、とても厄介です。このようにインターネットを介して、ギャンブル刺激にさらされている場合は、この刺激を避けるというより

〈12〉行動コストとは、正の弱化の手続きを用いたもので、嗜癖行動の文脈でもとても有効な方法の一つです。特定の行動に伴ってネガティブな体験が起こることによって、その行動が減少することを狙う技法で、減らしたい行動に対して用いられます。逆に言えば、増やしたい行動に対しては、よりその行動が生起しやすいように、簡単かつ手軽にできるように準備することが大事です。

〈13〉「アプリ」「ロック」「パスワード」などで調べると方法はすぐに見つかります。

〈14〉アプリを非表示設定にし、スマホ内にアプリのアイコンが表示されないようにすれば、アプリストア以外でアプリを開く方法はなくなります。この方法も結構面倒ですので有効です。

〈15〉このようなデータ通信料の制限によって、オンラ

も、インターネットの検索が面倒になる（あるいは、ネガティブな体験となる）ようにしていくとよいでしょう。ここでは、行動コストの考え方を導入します。[12] 狙いとしては、自分が検索・視聴したいものにたどり着くための時間を遅くしたり、それを面倒にしたりします。具体的には、スマホのデータ通信料を可能な限り小さくしたり、アプリやブラウザ（以下、アプリ等とする）それぞれにロックをかけ、アプリ等を開くたびにパスワードが要求されるようにしたり、[13] アプリ等をトップ画面に配置するのではなく、アプリストアに行かなければ開けないような設定にしたり、[14] など、とにかく検索・視聴するために面倒だと思うステップを増やしてあげるようにすることが大切です。検索・視聴する生活スタイルをゼロにするように変えていくことは、情報化・ＩＴ化が進んでいる現代社会では難しいですが、いかに面倒にするか、という点は考えていく必要があります。[15] ギャンブルに関する考えや欲求が出てきたときに、それらとうまくつき合っていく方法（たとえばマインドフルネス）を選択する支援者もいるかもしれませんが、それはすぐには役に立ちません。マインドフルネス等をはじめとして、認知的な対処は練習が必要で、使えるようになるまでには長期的な視点が必要です。そのため、まずは刺激統制や行動コストといった対処をお勧めします。[16]

インン競馬・競輪をしている人は、レースを見ることができなくなったり、同様にレースに関する情報を見づらくなったりするので効果的です。ちなみにこの話をするときに、毎月の筆者のデータ通信料が５００メガバイト（ギガバイトの一段階下の単位）であることを伝えると、驚いて「自分も頑張ります」と言ってくれる人が多いです。

⒃ 刺激統制や行動コストに取り組む上で、クライエントのモチベーションを高めることは一つのポイントです。先述した通り、筆者は自分自身が制限している例を出しつつ、一方で「自分がやってるから、あなたもやれ」という雰囲気ではなく、「私はこんな方法で試してるんだけど、他にも何か良い方法ありますかね」と一緒に考えていくように話をしていきます。

ギャンブル行動のハーム・リダクション

ギャンブルをはじめとする依存症の支援においては、ハーム・リダクションの考えがとても大事です。ここでは、具体的にどのようなハーム・リダクション戦略があるか、Cさんの事例をもとに考えていきたいと思います。

たとえば、表4-1の火曜日を見てみると、Cさんは午後4時にパチスロを開始して、午後6時に追い銭(手元に現金がなくなりATM等でお金をおろしギャンブルを続けること)をしています。水曜日のパチスロでも同様に、一回お金をおろしに行っています。手持ちのお金が尽きたときの「お金をおろす」という行動は、まさに熱くなっている状態を示します。たとえば、難しいかもしれませんが、「お金をおろす」ことができないように、キャッシュカードは持たないでおく、ふだんから余計なお金を持たないでおくなどは可能です。[17] また、この追い銭という行動が現実的に不可能になるように、つまり閉店1時間前になってからお店に行くことなどもできます。[18] 少し話が広がりますが、Cさんは、妻との会話を避けるためにギャンブルをしています。帰宅時間が遅いCさんの妻は、Cさんが残業とは言っているものの、実際はパチスロをしているのだろうといつも思っています。しかしパチスロをしたかどうかを尋ねるとCさんの機嫌が悪くなるため、あまりそれを尋ねることはし

〈17〉ギャンブラーの中には、「使わないけど万が一のときのために1万円余計に財布に入れておく」といった考えのもと、お金を所持する人もいます。この場合、万が一ではなく、軍資金が尽きた場合、ほぼ100%の確率でそのお金は使われま

ません。一方、Cさんもパチスロを隠していることになるため、後ろめたさもあり、勝った日は手土産を持って帰宅するのですが、負けた日にそれはなく（もちろん財布には千円以上残っていないことが多いからです）、会話もありません。このように、ギャンブルしていることを隠しながらギャンブルを続けることは、家族関係にも悪影響を及ぼします。家族関係への悪影響を減らすという観点からは、ギャンブルに行くときは家族に告げてから行く、勝ち負けにかかわらず、ギャンブルの結果を家族に伝える、など家族関係を多少なりとも良好にしておくことが重要です。この正直に話をするという点は、長期的には、家庭に居づらいといった家庭環境にも良い影響を及ぼすかもしれません。また、家族にギャンブルに行くことを告げていれば、ギャンブルをしている最中に連絡をとる（「もう少しで帰ります」などを伝える）ことが、熱くなって追い銭してしまうのを防ぐかもしれません。その他にも、家族や子どもに必要なものを先に買ってからギャンブルをする[19]、ギャンブルで負けた次の日にリベンジしないように、家族にキャッシュカードや現金を預けておく、などのハーム・リダクション戦略をとることが可能です[20]。実際のカウンセリングにおいては、ギャンブルがクライエントの生活のどのような点に悪影響を及ぼしているかを事前にアセスメントしておき、たとえギャンブルを行ってしまったとしても、それぞれの悪影響を少しでも減らすことができるように、事前に対応策を練っておくことが大切です。

す。
〈18〉競馬や競輪等の場合は、残り数レースになってから参加するなどが考えられます。

〈19〉ギャンブルで生活用品や子どもへのプレゼントなどが買えなくなることを防ぐためです。
〈20〉夫婦、もしくは家族に対してカウンセリングを行う場合、Cさんがこのような工夫を実践した際には、パートナーに適切なリアクションをとってもらうように前もって伝えておくことが大切です。

ギャンブルの代わりとなる行動

冒頭で述べたように、治療の初期では、ギャンブルの問題に直面している人たちは自身の好きなギャンブル以外には興奮しませんし、喜怒哀楽の感情も抱きづらいです。Cさんの場合、パチスロ以外の活動をしたとしても、そこから本来得られるようなポジティブな経験が得られない可能性があります。しかし、ギャンブル漬けの日々からギャンブルのない生活が増えていくにしたがって、さまざまな感情を抱けるようになってきます。目の前のクライエントが何か月くらいギャンブルを遠ざけるとそのような変化が起きてくるか、正確に答えることはできませんが、目安としては3か月程度と個人的には感じています。ギャンブルのない生活はCさんにとっては退屈ではありますが、治療の初期と比較して、3か月経った後では、食事や運動、日々の生活から生起する感情は増えてきました。運動や映画、読書、趣味といった、代替行動から得られるものも多少なりとも増えてきました。この「感情的になれた」という経験がギャンブルの代わりにとられる行動に付随しているかどうかをカウンセリングの中で取り扱うことが重要です。その意味では、ギャンブル障害の回復は、感情的体験の回復と言えるかもしれません。実際の代替行動の導入そのものは、ただギャンブルに取って代わる活動を探すのではなく、ギャンブルをしていた理由をしっかりと聞き、それに合わせた活動的な体験を探していくとよいでしょう。

まとめ

Cさんは、「妻との関係は良くなっているわけではないですが、少し日々の生活で楽しいとか、食事がおいしいとか、感じるようになってきました。まだまだ不安ですが、オンラインでの自助グループなども使いながら、断ギャンブルを続けていければと思います。また四半期に一度くらいのペースでお話を聞いてください」と言って、集中的なカウンセリングは終了しました。少しよい方向に進んでるなと感じつつも、「かなり高確率でギャンブルをしたくなる、あるいはしてしまうことはあると思います。そのときのために、今日までお話ししたことを使って、そのピンチをうまくかわせるように引き続き一緒に取り組んでいきましょう」と筆者は伝えました。このように伝えた背景には、ギャンブルをはじめとする嗜癖行動の問題を有するクライエントと関わる中で、ほとんどの人に再使用・再発が生じてしまった筆者自身の経験があると思います。だからといってクライエントのことを信じていないわけではなく、また自らあきらめの姿勢でいるわけではないと思っています。回復の過程で、次に再ギャンブルが起きたときにこれまでよりも小さな被害で済むような治療を続けていく、そういった考えを持っているのかなと自分では思っています。ギャンブルに関連する問題に直面しているクライエントとは長いつき合いになることが多いと思いますが、支援者も、すぐに良くなってほしいというような短期的な報酬に飛びつくことなく、年単位のスパンで改善を狙っていけるように、またクライエントの人生をより良くできるように支援していけるとよいのかなと思っています。この章の読者の中から、少しでもギャンブルに関連する問題に直面している人々への理解が進むことを祈っています。

第5章 飲酒
――万能薬に代わる行動を習得する

わが国で、アルコール依存症の疑いがありながら専門的な治療を受けていない人の割合は、96％にものぼります。[1]

アルコール依存症になると、予定していたよりもたくさん飲んでしまったり、お酒を飲みたいという強い渇望や衝動に駆られたり、仕事中などの飲むべきでないときに飲んでしまったり、仕事や人間関係で問題が起こってもお酒を抑えられなかったり、やめようと思ってもやめられなかったりします。以前よりも飲まないと酔っぱらえない（耐性）、お酒が抜けてくると震え、発汗、吐き気などの不快な症状が現れる（離脱）のも依存症の症状です。[2]

これらの症状は心身の健康だけでなく、学業や職業上の責任が果たせなくなったり、家族関係が悪化したり、社会的な地位や家庭など今までコツコツと築いてきたものを失ったり

〈1〉厚生労働省（2021）

〈2〉American Psychiatric Association（2013）／高橋・大野〔監訳〕（2014）

と、人生のさまざまな側面に影響を及ぼします。それにもかかわらず、治療が必要な人のたった４％しか専門的な治療を受けていないのはなぜでしょうか。

この原因の一つとして、アルコール依存症への偏見や差別[3]を恐れて助けを求められないということは容易に想像がつきますが、実はもう一つの原因として、わが国に依存症を専門的に治療できる医療従事者が不足しているという問題があります。[4]しかし、依存症は他の精神障害と併発する可能性が高いことから、依存症治療の専門機関だけでなく、総合病院や一般的なメンタルクリニック、産業カウンセリングなどでもアルコールの問題を持つクライエントと出会うことは多くあるでしょう。

このような状況を踏まえて、本章ではアルコール依存症を専門とするプログラムで働いている人から、うつ病や不安障害などの治療を専門としているがお酒の問題も抱えている[5]クライエントの支援に携わっている人など、さまざまな環境のセラピストに活用していただけるような、認知行動療法のコツを紹介していきます。

なぜ依存症になるのか

認知行動療法では、治療開始時に対象となる問題についての心理教育と認知行動療法の説明を行います。アルコール依存症を対象とする場合、アルコール依存症が起こり、維持

〈3〉２０１６年に行われた内閣府の調査では、アルコール依存症の原因として「意志の弱さ、性格の問題」と答えた人が約44％いました。

〈4〉厚生労働省は２０１７年より依存症対策全国拠点機関設置事業を通してこの問題の解決を目指しています。

〈5〉本章では「アルコール依存症」と「お酒の問題を持つ（抱える）」という表現を使用しています。クライエントが依存症の診断を受けたかどうかは、治療の進め方にはあまり関係がないという考えに基づいています。治療開始時にクライエントが「依存症」という診断を受けている・受け入れている必要はなく、「お酒は

されるメカニズムを科学的なエビデンスと認知行動理論に基づいて説明し、その理解を踏まえて認知行動療法が適切な心理療法であることを説明します。

さて、成人であれば誰しも一度は口にしたことがあるであろうアルコールですが、なぜ一部の人のみがアルコール依存症になるのでしょうか？　その答えとして「アルコール依存症は脳の病気である」「（だから）一度なると（回復はするが）完治しない病気だ」という考え方が広く知られています。これは「疾病モデル」として知られる考え方で、１９３０～１９４０年代のアメリカで、アルコホーリックス・アノニマス（ＡＡ）のメンバーたちが、お酒をやめられないのは脳の病気であり、意志の力でコントロールできるものではない、というメッセージを広めるために用いられ、世界中に広く普及しました。[6] 疾病モデルはアルコール依存症発症の責任を「本人」から「アルコールによって変化した脳」へ転換することで、社会からの叱責と当事者の自責を払拭することに役立ちます。

しかし、「アルコール依存症は脳の機能変化によって引き起こされたから完治しない」という説明をした後に、「だから認知行動療法を行います」という言葉ではうまく理屈が通っておらず、治療を受けようとするクライエントにとって、説得力に欠けてしまいます。それでは、認知行動理論ではアルコールの問題をどのように説明するのでしょうか。

問題かも」「もう少し減らした方がよいかな」という認識をクライエントから引き出すことの方が重要です。

〈6〉Capuzzi & Stauffer (2016)　ＡＡの考え方はスピリチュアルモデルと位置付ける文献もありますが、ＡＡでもアルコール依存症を「病い（illness）」「アレルギー」といった言葉で表すこと、「回復」という言葉を使用していること、回復には断酒が必要という立場をとっていることなどが、医学に基づいた疾病モデルと重なることから、疾病モデルを社会に広めるのに少なからず影響したとも考えられています。

認知行動療法への誘い

認知行動モデルでは、アルコールはクライエントにとって何らかの重要な機能を果たしていると考えます。そして、アルコールは他の何よりも万能で即効性のある形でその役割を果たします。アルコールが持つ優れた効能を学習した脳は、それが必要なサイン（刺激）に敏感になり、自動的にアルコールを欲するように訓練されるため、やめることが難しくなるのです。それゆえ、認知行動療法ではアルコールに代わって、同じ機能を果たす行動を習得することにより、飲酒をやめることを目指します。つまり疾病モデルも認知行動モデルも、依存症になったのは「脳の機能変化」によるものと考えますが、認知行動モデルは、適切な行動を学習し直すことで回復が可能になるといった、より自主的・能動的に問題と向き合うアプローチと言えます。

初回セッションではクライエントから「依存症は脳の病気だって聞きました。飲まないでいる期間が長ければ、脳や内臓の機能は回復するらしいので、とりあえず一日断酒[7]で頑張ります」といった発言を聞くことがしばしばあります。具体的にどのように一日断酒をするのか尋ねると、「飲酒欲求はあるけど、耐えるのみです」といった具合です。確かに、脳の機能が低下したことによる病気で、自分では症状をコントロールできないのであれば、

〈7〉「一日断酒」は過去や未来のことばかりにとらわれず、今日一日（今）の断酒に集中することを表します。もとはＡＡから広まった言葉ですが、自助グループに

脳の機能が回復するまでひたすら耐えて待つしかない，と考えるのも理解できます。一見頑固そうな態度のクライエントですが，このような会話は認知行動療法を紹介するチャンスだと筆者は考えます。ひたすら耐える，我慢する，といった計画を持つクライエントの多くは，すでに我慢だけでは断酒が続かなかった経験をしています。そのような過去の経験をしっかり聞き取り，クライエントの苦労に共感的理解を示した後に，「お酒をやめたいという強い気持ちはあるけれど，耐え続けられるか心配なんですね。認知行動療法では，耐え続ける以外にも，もう少し戦略的に，効率よくお酒をやめ続ける方法を身につけられるのですが，試してみませんか？」といった具合に誘います。

参加していない人の間でも，ひたすら耐えるという意味でこの言葉を使用している場合があるため，本人にとっての一日断酒の意味を確認することが推奨されます。

アルコール依存症のための認知行動療法

アルコール依存症のための認知行動療法プロトコルでは大きく分けて次の四つの流れでセラピーを進めます。

①セルフモニタリングを通して「引き金」と呼ばれるお酒を飲みたくなるきっかけや状況を同定する。

②自分にとっての引き金がある程度把握できたら，機能分析を用いてお酒がその引き金

となる状況でどのような機能を果たしているかを検証する。

③避けられる引き金は避ける練習をし（刺激統制法）、避けられない引き金にはお酒がもたらしていた機能に代わる適切な行動（代替行動）を習得したり、認知再構成法などのスキルを学んで対処する。

④再飲酒（ごく一時的な飲酒）・再発に備える。

依存症の臨床現場で行われる認知行動療法は、そのプロトコルをわかりやすい形にまとめたワークブックを用いて集団療法として提供される傾向にあります。ワークブック等に沿ってこの①〜④の手順を踏むと、一見セルフモニタリング、機能分析、代替行動の学習といった代表的な技法を使った認知行動療法ができているように見えます[8]。しかし、本当に効果のある認知行動療法ができているのでしょうか？　認知行動療法が開発されたアメリカで行われた研究でも、「ふだんのセラピーで認知行動療法を行っている」と答えたセラピストのセッションを録画して検証したところ、その多くは認知行動療法と呼べる質ではなかった、という結果が報告されています[9]。次の事例からセッションで起こりがちな会話例と、よりクライエントの特徴やニーズを考慮した例を比較して見てみましょう。

〈8〉アルコール依存症のための認知行動療法のプロトコルには、他にも認知再構成法、問題解決法などのスキルが含まれますが、本章では代替行動に焦点を置いています。

〈9〉Santa Ana et al. (2008)

❖ 事例5「Dさんの場合」

Dさんは50歳代後半の大手企業に勤務するサラリーマンです。数年前に単身赴任のため、妻と子どもを残して新しい土地へ引っ越しました。職場では管理職としての責任を果たすべく一生懸命働いていました。もともとお酒は好きでしたが、単身赴任してからは毎日自宅で飲むようになり、お酒が体内に残ったまま出勤するまでになり、アルコール依存症と診断されました。現在は治療に専念するために休職中です。家族とは仲が良く、自宅に近い病院に入院しています。Dさんに飲酒の引き金を尋ねたところ、「仕事のストレス」と言いました。セラピストは「飲むことでストレスが解消されたんですね」と返答しました。

事例5【概要】

クライエント	Dさん
年齢／性別	50歳代後半／男性
職業	会社員（大手企業の管理職・単身赴任・休職中）
家族構成	妻、子ども
診断	アルコール依存症

あいまいな言葉はより具体的に

ここまでの会話のみをもとに機能分析を行うと次のようになります。

引き金[10] 仕事のストレス ⬇ **行動** 飲酒 ⬇ **結果** ストレス解消

そして、以下のような代替行動が提案されました。

・炭酸水を飲む

〈10〉依存症のための認知行動療法では渇望（飲酒欲求）と飲酒につながる先行刺激のことを「引き金」と呼びます。引き金には大きく分けて、状況などを含む「外的引き金」と感情や認知を含む「内的引き金」の二種類があると考えられます。

・自助グループに行く
・友人や家族、自助グループの仲間と話す
・同僚や友人とスポーツをする

どれも依存症の臨床現場ではよく見かける代替行動の案ばかりです。[11] 他者と関わる案が多いこのリストを見てDさんは少し困惑した表情で言いました。「妻とは毎晩ビデオ電話で話していたんですけどねぇ……」

次に、Dさんにとっての「ストレス」をより詳しく、具体的に検証した場合を見てみましょう。飲酒の引き金は「仕事のストレス」と言ったDさんに、セラピストは具体例を尋ねましたが、「人間関係とか、仕事のプレッシャーとか？」と、少し不確かな表情であいまいさを残す表現が返ってきました。[12] そこでセラピストは「ストレスってとても便利な言葉で、実はいろいろな状況や気持ちを含んでいると思うんです。もともとの英語の意味を考えると、心に負荷がかかっている状態のことを指す言葉ですが、Dさんにとって仕事のどういう部分がどんなふうに心に負荷をかけているのか、もう少し具体的に教えていただけますか？」と尋ねました。Dさんはしばらくうつむきながら考えた後に、先ほどより確かな表情で顔を上げ「転勤先で孤独だったから……でしょうか」と答えました。そして、「おかしいですね、妻とは毎晩ビデオ電話で話していたんですけどねぇ……」と困惑した表情

〈11〉これは一見認知行動療法に見えて、効果のある認知行動療法にはなっていない事例の一つです。筆者自身も、認知行動療法を学び始めたばかりの頃はクライエントに自分の経験の浅さを感づかれないように願いながら、新しく学んだ技法をできるだけ正確に行うことに集中しがちでした。依存症の治療現場ではワークブックを用いた集団療法が主流なため、その日あてがわれたテーマを問題なく遂行することに気を向けがちになります。「なぜこの技法を、このクライエントの、この問題に、今使うことがふさわしいのか」という理論的理解を深めることにより、

で言いました。

セラピストとの会話を重ねる中でDさんは、たとえ妻のように信頼する相手と話していても、「孤独だ」「つらい」といった本音を言えなかったときには、より一層孤独を感じるのだと悟りました。それゆえ、仕事のストレスや単身赴任の孤独感を解消するための妻への電話が、逆に孤独感を増大させ、渇望の引き金となっていたのです。また、Dさんのストレスの原因となった単身赴任先での日常生活について詳しく聞き取ることにより、赴任先で仕事の悩みを話したり、一緒に息抜きしたりできる人が欲しいという思いはあったものの、管理職という立場から勤務時間外に食事や趣味の活動に部下を誘うことは避けていたこと、妻には心配をかけたくないので弱音を吐けなかったことなどがわかりました。また、週末は自宅への往復で時間がとられ、そもそも自分の好きなことをして息抜きする時間がとれていなかったことにも気づきました。そのような「ストレス」からDさんはほぼ毎日、仕事の問題を考えながら帰宅し、妻とのビデオ電話では平静を装い、夕食時に晩酌し、寝落ちするまで飲み続ける、というパターンを繰り返していたことも判明しました。

これらの情報をもとに機能分析を行うと次のようになります。

① **引き金** （悩みを誰にも相談できずに）孤独を感じる ⬇ **行動** 飲酒 ⬇ **結果** 悩みが軽減した気がして孤独感がまぎれる

単なる技法の遂行ではなく、クライエントの話をよく聞いて問題を解決することに集中しやすくなると思います。

〈12〉この例では、Dさん自身が「人間関係とか仕事のプレッシャー」という回答に不確かな表情を見せたため、セラピストは例のような会話をしましたが、「人間関係」や「仕事のプレッシャー」と確信を持って回答するクライエントの場合は、「人間関係（または仕事のプレッシャー）がストレスになったという最近の例を具体的に教えてください。」と続けることもできるでしょう。

②**引き金**　仕事の問題を考えていると覚醒する ⬇ **行動**　飲酒 ⬇ **結果**　思考が鈍くなり眠りやすくなる

③**引き金**（自分の為の時間がとれず）鬱憤がたまる ⬇ **行動**　飲酒 ⬇ **結果**　酔っぱらって気持ちが良くなる

最初の会話では、引き金は「仕事のストレス」の一つでしたが、ストレスの意味を具体的に話してもらうことで三種類の引き金を見つけ、お酒が果たしていた役割をより詳しく知ることができました。最初の会話に基づいて提案された代替行動では、Dさんのストレスである孤独感がさらに増していたかもしれません。

Dさんの例は一見、認知行動療法を学んでいる人にとっては、一般的な機能分析に聞こえたかもしれませんが、お酒の問題に直面しているクライエントとのやりとりにおいてここで説明したポイントはとても大切になってきます。なぜなら依存症のクライエントは問題の深刻さを隠したがる傾向に加えて、アレキシサイミア（失感情症）の傾向も高いため[13]、あいまいな表現を使いやすいからです。「ストレス」はお酒の問題を抱えるクライエントからよく聞かれるキーワードの一つです。ストレスとは何とも便利な言葉で、「仕事のストレス」や「家庭のストレス」が引き金でお酒を飲む、と言われると本人もセラピストも何となく納得してしまいます。同じくあいまいな表現に「普通（の週末）」「いや（な人間）」「生

〈13〉Shishido et al.（2013）

きづらさ」などもよく聞かれます。しかし、クライエントにとってのその言葉の意味をしっかりと確認しないままセラピーを進めると、その分析に基づいて提案される代替行動もごく一般的な内容となり、そのクライエント独自のニーズに合わせたものではなくなってしまいます。そして、ごく一般的な代替行動のリストを実生活で使ってみても期待したような効果が感じられず、「自分には合わないな」とクライエントのモチベーションが下がってしまいます。認知行動療法ではクライエントが体験した思考・感情・行動をできる限り具体的に描写してもらうことで、飲酒の引き金となる状況や思考・感情・行動を正確に理解し、飲酒に代わる適切な行動や思考パターンを身につけることが可能となるのです[14]。

アルコールに太刀打ちできる代替行動のリストとは

クライエントにとってのお酒が担っていた機能を正確に理解できたら、同じ機能を持つと同時により適応的な行動に置き換えます。先ほどのDさんの三つの引き金に対して、次のような代替行動のリストが作成されました（図5−1）。実際のセッションでは、クライエントと一緒に考えながら、紙やホワイトボードに案を書き出して整理していきます。図5−1は紙やホワイトボードに書き出した場合のレイアウトを想定してまとめられています。

このようにDさんにとってアルコールがどのような機能を果たしていたかをより正確に、

〈14〉本書では代替行動に焦点を当てていますが、クライエントが使った言葉や表現を丁寧に定義し、具体例を示してもらうことは認知行動療法の他の技法を用いる際にも役立ちます。たとえば配偶者との会話中や会話後に浮かんだ思考や、Dさんの悩みである職場の人間関係について具体的に話を聞くことで、引き金となっている思考が正確に同定できれば認知再構成法の出番でしょう。Dさんがふだんから妻に正直な気持ちを伝えられるような関係を望むのであれば、ロールプレイを通して妻との会話の練習ができるでしょう。

具体的に捉えることで、Dさんの特徴に合わせた具体的な代替行動に導くことが可能となります。

　アルコールに関する問題を持つクライエントと代替行動のリストを作成する際に注意する点が二つあります。一つ目は、代替行動はアルコール特有の働きに太刀打ちできるものでなければならないという点です。クライエントは日々のさまざまな問題解決にアルコールを使っています。なぜならアルコールは他者と一緒でも、一人でも、天候にかかわらず、すぐに、どこでも飲めて、いろいろな問題を一時的とはいえ確実に解決してくれる（正確には解決したような錯覚を与えてくれる）とても便利な道具だからです。それゆえ、代替行動のリストを作成する際はアルコールの万能性と即効性に太刀打ちできる代替行動を考える必要があります。具体的には、①他者と一緒に、②一人で、③天候にかかわらず、④（渇望が現れたら）すぐに、⑤どこでもできる行動、として、この5点を意識しながら進めると効果的でしょう。

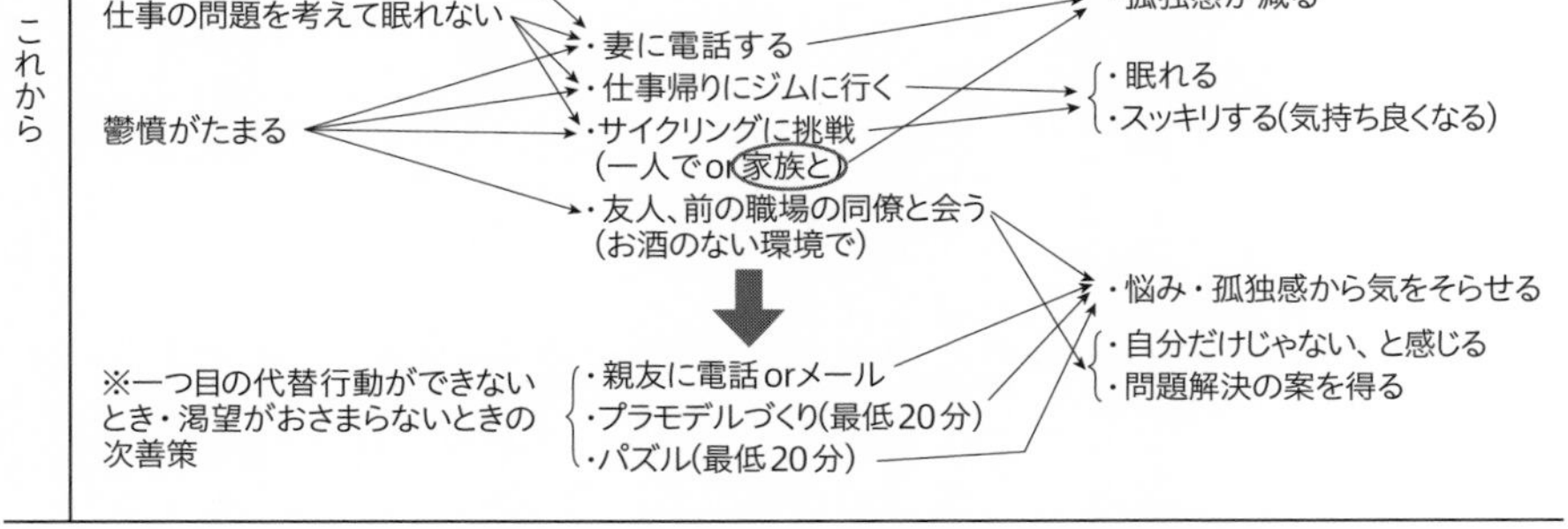

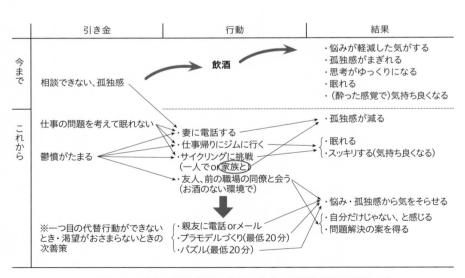

図5-1　Dさんの機能分析とそれに基づく対処法（代替行動）の案

注：セッションでは最初に機能分析を行いながら「今まで」のセクションを書き、次に代替行動を話し合いながら「これから」のセクションを書き足していきます。

Dさんの例で見ると、

①他者と一緒にできる行動――「妻に電話」「サイクリングに挑戦」「友人・同僚と会う」「親友に電話・メール」

②一人でできる行動――「ジムに行く」「サイクリングに挑戦」「プラモデル、パズルに最低20分間取り組む[15]」

③悪天候でもできる行動――「サイクリングに挑戦」以外のすべて

④すぐにできる行動――「妻に電話」「親友に電話・メール」（在宅中の場合）「プラモデル、パズルに最低20分間取り組む」

が含まれます。

さて、実はDさんの代替行動リストに、⑤「どこでもできる行動」は含まれていません。これはDさんにとって最も引き金となりやすい状況や感情に合わせたリストを優先的につくったからですが、時には退席が許されない会議の最中に突然渇望が起こることもあるでしょう。そのような緊急事態に備えて、すぐにどこでもできる対処法もあらかじめ考えておく必要があります。多くのクライエントは突然襲う強力な渇望と戦おうとした経験を持っていますので、まずは過去に試して効果があった行動（つまり、戦いに打ち勝った行

〈15〉渇望が平均的に何分くらい続くかは治療開始の比較的早い段階でセルフモニタリングを行って検証することが推奨されます。しかし、そのような機会がない場合はプロトコルで推奨される15～20分程度の間、①没頭してアルコールから気をそらせる、②雨天でも一人で気軽にできる、という条件を満たしたアクティビティを考えます。アルコールから気をそらせるくらい没頭できるものとして、クライエントの多くがテレビ鑑賞のような受動的なアクティビティよりプラモデルづくりなどの能動的なアクティビティを提案する傾向にあります。

動）と、なかった行動（戦いに敗れた行動）を尋ねます。効果があった行動に加えて、クライエントと（および集団療法の場合は他のメンバーも含めて）話し合いながら⑤を含むリストを作成していきます。たとえば飲酒のデメリットと断酒のメリットや、自分へのポジティブなメッセージを書いたフラッシュカードを携帯して、渇望が現れたら読む、数分間マインドフルネス瞑想を行うなどです。「炭酸飲料を飲む」「飴をなめる」などもこの種の代替行動として提案されがちですが、会議中に炭酸飲料を飲んだり、飴をなめたりできる職場かどうかクライエントに確認する必要があるでしょう。

二つ目の注意点は、クライエントが提案した対処法が十分な効果を示さなかった場合の次善策を用意しておくことです。Dさんの対処法のリスト（図5－1）を再度見ると、一つ目の代替行動（妻に電話する）を行っても思うような効果が得られなかった、あるいは妻が電話に出なかった場合等を想定して、「親友に電話・メールする」と「プラモデルづくりかパズルに最低20分間取り組む」という次善策も用意されています。このように、同定した引き金に対する対処法を考える際に、その次の手まで考えておくと安心です。

連鎖反応に備える

認知行動療法では飲酒の引き金となる状況を避け、感情などの避けられない引き金に対処するためのスキル（いわゆる対処法[16]）を複数学びますが、セッション中に予行練習した

〈16〉依存症のための認知行

通りの状況で使うべきスキルを実際に使っても、予想通りの効果が得られない場合があります。次の事例で考えてみましょう。

❖ 事例６「Ｅさんの場合」

Ｅさんは近々アルコール依存症の治療を終え、職場復帰を予定している40歳代の独身男性です。Ｅさんの職場はもともと飲み会好きが多い上に、Ｅさんが復帰する時期は歓送迎会が多く開かれる時期でもありました。復帰後すぐに飲み会の誘いを断れる自信がなかったＥさんは、セッション中に誘いの断り方をロールプレイを通して予行練習しました。予定通り治療を終え、職場に復帰したＥさんは案の定歓迎会に誘われましたが、練習通り断ることができました。

ガヤガヤと楽しそうに繁華街の方向へ消えていく同僚たちを背に、Ｅさんは一人家へ向かいました。帰りの電車の中でチラッと時計を見て、「あいつら今頃盛り上がってるんだろうなぁ」と心の中でつぶやきました。酒が次々と運ばれてきて、おいしそうなつまみを食べながらワイワイと盛り上がっている同僚たちの姿が目に浮かび、思わずごくりとつばを飲み込みました。「何の話をしてるんだろう？」と考え、少し気分が暗くなりました。自宅の最寄り駅で降りると、満開の夜桜が目に飛び込んできて、何だかとても悔しい気持ちがこみ上げてきました。それと同時にのどが締めつけられる感覚がしました。この日は四月

動療法のワークブックでは代替行動、刺激統制法、認知再構成法など複数の技法をまとめて「対処法」と呼ぶ傾向にあります。

事例６【概要】

クライエント	Ｅさん
年齢／性別	40歳代／男性
職業	会社員
家族構成	独身（一人暮らし）
診断	アルコール依存症

のわりにとても暑い日で、のども渇いていたので、飲み物を買いに駅前のコンビニに入りました。気づいたらお酒コーナーの前で立ち止まっていて、「一杯だけ」「俺だって今まで頑張ってきたんだから、ちょっとくらい楽しみたい」「今まで○か月やめてきたんだから、またすぐやめられる」という声が頭の中で聞こえました。次の瞬間、ビールを買って飲んでいました。

Eさんはセラピーで予行練習したスキルを忠実に実行したにもかかわらず、再飲酒してしまいました。これは決してEさんのスキルの実行方法が問題であったわけではありません。飲酒の引き金と対処法（代替行動）のテーマを扱う際には、「引き金⬇対処法⬇飲まない」と記されることが多いため、ある状況で起こる引き金は一つであり、それに対処さえすれば大丈夫だと誤解されがちです。しかし実際は、Eさんの経験のように、最初の引き金への対処が別の引き金を引いてしまったり、複数の異なる種類の引き金がほぼ同時に出てきたりすることがあります。それゆえ、引き金と対処法のテーマを扱う際には、一つ一つの思考・感情・行動はチェーンのようにつながっており、一つの引き金への対処法が別の引き金となる思考や感情を引き起こす可能性に留意する必要があります。Eさんのようにお酒の代替となる行動を実生活の中で行ってみた後で、ようやくその効果と足りない点に気づく場合が多々あります。このような経験はクライエントを落ち込ませますが、同時に引き金の連鎖反応に気づき、より強力な対処法を習得するチャンスでもあります。[17]

〈17〉クライエントが再飲酒や再発を報告した際には、

セッションでは、図5－2のように、クライエントがスリップまでに体験した認知、感情、身体反応、行動をクライエントにも見えるホワイトボード等に細かく書き出します。次に「最初に渇望に気づいたのはどの時点ですか?」「最初の引き金はどれでしたか?」とクライエントに尋ねます。クライエントが最初の引き金と考えるものが連鎖の最初の方の項目でない場合は、「今振り返ってみて、実はこれも引き金だったかも、と思えるものは?」と聞きながら、できるだけ多くの引き金となった要素を見つけていきます。集団療法の場合は他のメンバーの意見を聞くことも有効です。一通り連鎖した引き金を見つけたら、それぞれの引き金へどのような対処が可能だったかを考えます。

この振り返りを行う際に重要なポイントは、思考・感情・身体反応・行動の連鎖においては、できるだけ早い段階で引き金や渇望に気づき対処した方が連鎖の後半で対処するよりもずっと楽である、という点です。Eさんの例で見ると、電車の中で「何の話をしているんだろう?」と考え、不安や羨望を感じたことに気づいて対処する方が、コンビニのお酒売り場で飲酒を踏みとどまるよりも、衝動と渇望を抑えやすいのです。

セラピーのゴールとセラピストのあり方

最後に認知行動療法で学ぶスキルを磨いた先にあるもの、つまりセラピーの目指すゴー

まず正直に話してくれたことに感謝し、その勇気を称えましょう。そして、クライエントの気持ちに寄り添いましょう。多くのクライエントは自責の念にかられ、自己嫌悪を感じ、回復をあきらめかけたり、「もうどうでもいいや」と自暴自棄になりかけたりしている可能性があるからです。そのような考えや治療に対する迷いに寄り添うことなしに、ここで紹介するように再飲酒に至った経緯を細かく振り返るのは逆効果になりかねません。それゆえ、クライエントの気持ちを聞き、受容し、今後の治療に対するモチベーションを確認することを優先します。クライエントがもう一度トライしたいという気持ちを表してから、再飲酒に至った経緯を振り返り、対処法を強化する方法を話し合うとより効果的でしょう。

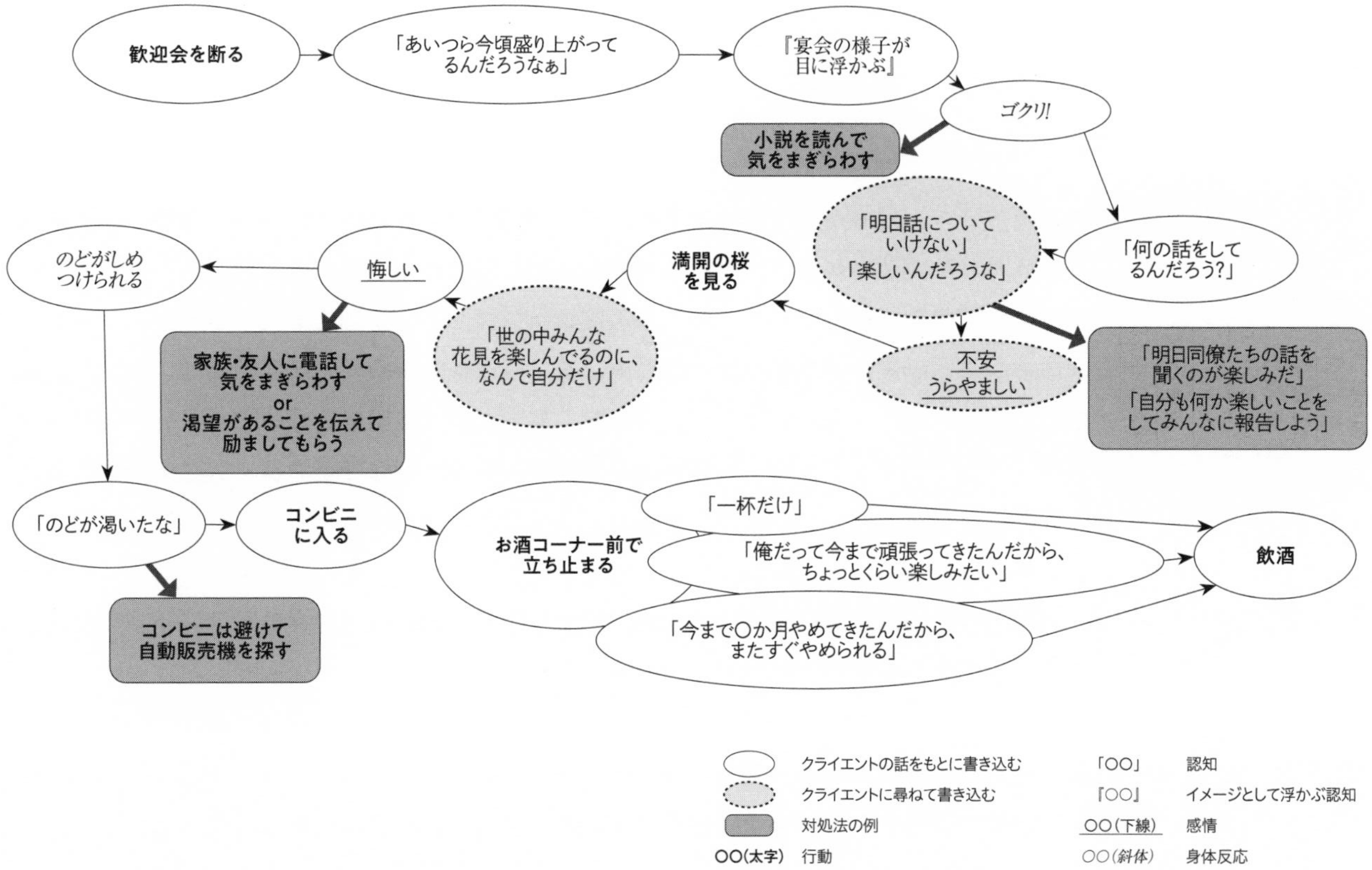

図5-2　Eさんのスリップ体験から学ぶ対処法

ルとその基盤となるセラピストのあり方について触れたいと思います。

セラピーのゴールは「クライエントが自分自身のセラピストとして機能できるようになること」だと筆者は考えます。セラピストは一生クライエントにつき添って，クライエントが人生の問題に行き当たるたびに助け続けることはできません。クライエントはセラピーを終了した後に起こる引き金や渇望，再飲酒や再発に，あなたとのセラピーで習得したスキルを使いながら，自分で考えて対処していくことになります。認知行動療法を始めたばかりのときは，ついワークブックに定められた項目をこなすことに集中しがちですが，セラピストは自分の働きかけが，クライエントが自らを助けるためのスキルを習得できる機会をつくっているか，常に注意する必要があります。ベンジャミン・フランクリンの言葉に次のようなものがあります。

“Tell me and I forget, teach me and I may remember, involve me and I learn.”

――言われたことは忘れる，教わったことは覚えるかもしれない，深く関わったことは学ぶ。

クライエントが新しいスキルを学ぶためには，「自分事」として問題と向き合い，解決する経験を積む必要があるのです。本章ではクライエントのニーズを正確に捉え，そのニーズをクライエント特有の特徴や状況に合わせてセラピーを進めるためのコツを紹介しました。これらのコツは、クライエントが自分の問題に深く関わりながらより効果的な代替行動を習得しやすくするためのコツとも言い換えられます。お酒の問題を抱えるクライエントには、自分の意に反して治療に来ていたり、治療（者）への不信感を持っていたり、何度も再飲酒してしまったりなどお酒の問題と向き合って「深く関わる」ことが難しいクライエントが多いです。それゆえ依存症を持つクライエントと関わり始めたばかりのセラピストはつい「専門家」としてクライエントに飲酒がいかに問題かを熱く語る、対処法を教える、という反応をしてしまいがちです。しかし、それではクライエントは対処法を自分のスキルとして習得できないのです。そして、だからこそ、セラピストはクライエントと同じ目線から状況を見て、クライエントの気持ちに共感し、クライエントと一緒に試行錯誤しながら問題解決をしていく、という姿勢を保ちたいものです。そのようなセラピストとの関係があってこそ、クライエントは自分の問題と深く関わりながら対処法を学び、セラピー終了後の人生でも「自分の問題には自分で対処できる」という自信を得ていくのだと思います。

まとめ

筆者がトレーニングを受けたアメリカでは「依存症治療ができるようになったら、他のどんな問題でも治療できる」とまで言われるくらいに依存症の介入・支援は難しく、専門知識を要する領域として認識されています。[18] もしあなたが日頃から「依存症治療は難しい」と感じているなら、それは地球の反対側でも多くの支援者が経験している感覚でもあり、難しくて当然なのです！ 筆者自身、本章で触れたような失敗を重ね、試行錯誤しながら、ここで紹介したコツを習得してきました（そして、その学びはまだ続いています）。それら過去の失敗と同時に思い起こされるのは、筆者が出会った多くのクライエントは、自分の失敗にはとても厳しいわりに、筆者の失敗にはとてつもなく寛大だったということです。もしかすると、少しくらい不完全なセラピストの方が、クライエントも自分の不完全さを見せてつき合いやすかったのかもしれません。そんな人間味あふれるクライエントたちですが、依存症という病気のせいで世間から誤解され、苦しむことも多いです。彼ら彼女らがより効果的な治療を受けられるようになるために、私たち支援者も支援技術を向上させるために努力し続けたいものです。

〈18〉この表現を読んで「自分が専門としている○○の問題も難しいのに！」と思われた読者もおられるかもしれません。アメリカでは「思他のバージョンとして「思春期患者の治療ができるようになったら、他のどんな問題でも治療できる」というのもあります。つまり、専門性を極めるのが難しいと言われる領域は一つではないということです。

第6章 喫煙——「一人で我慢」を手放すことから始める

筆者は、看護職として一般病院や産業保健、そして学校法人の中で保健管理を長く担当してきました。その中で、ごくごく普通に目にする「喫煙」行動とここ20年間のタバコに対する社会環境の変化、そしてタバコがもたらす深刻な心身への影響や人生へのダメージを肌で感じてきました。

この章では、日本において最も身近な依存症である「喫煙」について、主には専門的な治療や介入にたどり着くまでの関わり方や環境調整、そして、いわゆる「依存症の専門家」でなくても誰にでも取り組める禁煙への第一歩について、三つの視点をあげたいと思います。これらの視点を持ちながら、禁煙を目指す患者や周囲の人々の支援に役立てていただければと思います。

禁煙への第一歩――三つの視点から

視点１

喫煙はニコチン由来の薬物依存であるため、何かや誰かに頼る戦略を考えるという視点が大切です。ニコチンが切れて「タバコを吸いたい！」という渇望感は、中脳辺縁系（より動物の本能に近い機能）の生理的欲求であるため、意思の力（人間らしさ）では到底太刀打ちできません。ある研究では、合法および非合法ドラッグ20種の依存性スコアを算定した結果、タバコ（ニコチン）はヘロイン、コカインに次いで、三番目に依存性の強い薬物であることが指摘されています[1]。さらに、タバコは合法的な薬物なので、その気になればコンビニや自動販売機などで24時間手に入りますし、主要な施設には屋外喫煙所が設置されているなど、社会全体の容認度の高さから、薬物の中でもやめることが難しい類であることをまずは伝えたいです。

依存には心理的依存・身体的依存の側面があります。タバコをやめたときに起きる身体的な薬物離脱症状、たとえばイライラや気分の落ち込みは3日から1週間程度で抜けると言われています。それに対して、心理的依存（「タバコは人生を豊かにしてくれる」「タバコがストレス解消になる」など、タバコに対する思い込み）はその偏りが強ければ強いほ

〈1〉依存性スコア――ヘロイン3・00、コカイン2・39、ニコチン2・21、アルコール1・93、アンフェタミン1・67（Nutt et al., 2007）

ど、タバコへの未練が残り禁煙を困難にする原因となっています。[2] ニコチンを摂取すると中脳辺縁系でドパミンが多量に放出されますが、これが繰り返されることにより耐性が生じ、薬物以外の報酬系感覚が麻痺してきます。徐々にタバコの本数が増えるのはこのせいです。大好物の料理を食べても山頂からの美しい景色を見ても、最後に一服しないと何か物足りない気持ちになります。ニコチンを補充することによりやっと満足感を得られるため、その感覚があたかもストレス解消になっているように誤認するのです。このような喫煙に対する「心理的依存」から認知的にも解放されることが禁煙行動への近道です。[3]

このようにタバコは立派な薬物依存であるにもかかわらず、現状、禁煙方法として一番多く行われているものは自力でやめる方法です。たとえば、日本では保険診療の禁煙治療が可能ですが、日本人の喫煙率と喫煙人口は16・7％（男性27・1％、女性7・6％、令和元年）で約１８００万人、保険診療による禁煙外来受診者は1年間で20万人前後、喫煙人口の約1％です。

なお、アメリカの禁煙治療ガイドラインでは、カウンセリングの効果も示されています。カウンセリングの種類としては、問題解決型のスキルトレーニングやストレスコーピング、ソーシャルサポートを含んだ情緒的サポートなどが、エビデンスレベルB[4]として紹介されています。しかし、日本では禁煙するために医療やカウンセリングを活用するという認識は低いように感じます。「喫煙」という行動が身近すぎて、禁煙くらい誰にも頼らず自力で

〈2〉心理社会的ニコチン依存度を測るものとしてKTSNDがあります（吉井ら2006）。喫煙者だけでなく非喫煙者・喫煙経験者の心理社会的ニコチン依存度を測ることができることも特徴です。

〈3〉磯村（2015）喫煙する人自身が（もちろん支援者も）心理的依存のカラクリを解くのによいテキストです。

〈4〉ここで言うエビデンスレベルBとは「無作為化試験から得られたいくつかの研究がその介入の推奨をし

何とかするものという認識が、本人にも周りの人にも、ひいては、専門職にもあるのではないでしょうか。

もちろん、誰にも何にも頼らず自力で禁煙する人も大勢います。禁煙には、100人いたら100通りの方法がありますし、最終的にタバコを手放すことができればよいわけです。たとえば、所見を指摘された肺CT写真を胸ポケットに入れ、吸いたくなったときにはそれを取り出してじっと見つめ、我慢するという人もいました。ただ、繰り返しになりますが喫煙は薬物依存であり、タバコときっぱり縁を切ることは簡単なことではありません。タバコをやめたくて一人で一生懸命努力して、結局うまくいかずにそんな自分に嫌気がさして自暴自棄になりまた吸ってしまう、という「負のループ」から抜け出せなくなる前に、一呼吸おいて戦略を立てることをお勧めします。やみくもに一人で気合いで、ではなく、何かの、もしくは誰かの力を借りてOK、むしろその発想へと頭を切り替えることが禁煙への第一歩です。

具体的には次の四つの方法が禁煙成功の鍵となります。

①禁煙のセンパイに頼る――禁煙に成功している人はたくさんいます。身近な人や禁煙体験者の書いた本、SNS、動画配信など、情報を手に入れてみることから始めてもよいかもしれません。

ているものの、科学的なエビデンスとして完全に一貫したものとは言えなかった」という段階です。

②禁煙補助剤に頼る――禁煙補助剤には、ニコチン製剤（パッチやガム）とニコチンを含まないニコチン受容体部分作動薬（薬品名：バレニクリン、経口薬）があります。ニコチン製剤は文字通り、タバコを吸う代わりにニコチンを体内に取り入れ、ニコチンの血中濃度を穏やかに保ちながら徐々に離脱していく薬剤で、処方箋がなくても薬局で購入することもできます。一方、バレニクリンはニコチン受容体から少量のドパミンを放出させ、それによって喫煙欲求とニコチンからの離脱症状を緩和させると同時に、喫煙による満足感を抑制する働きがあります。こちらは医師の処方が必要です（③を参照）。

③専門家に頼る――日本には禁煙のために受診する、いわゆる「禁煙外来」が約1万7500か所あります[5]（令和3年4月現在）。禁煙の成否にかかわらず5回通院するなどの条件をクリアすれば、医療保険の適応にもなります[6]。また、職場の産業医や産業看護職などは、禁煙のための有用な情報を持っていることが多いので、まずは話を聞いてみるのもよいかと思います。もちろん専門家が書いた書籍やSNSも参考になるでしょう[7]。

なお、喫煙は薬物摂取なので、禁煙にトライすることで気分や感情の不調が生じることも十分に考えられます。したがって、特にメンタルヘルスの心配や精神疾患を持つ人の禁煙は、主治医や「禁煙外来」などの専門家のアドバイスを仰ぐことをお勧めします。

④身近な人（家族や友人、同僚）に頼る――禁煙することを周りの身近な人に伝えておくことも禁煙が続くコツです。たとえば、禁煙して数日間に起こるニコチン退薬症状とし

〈5〉禁煙治療に保険が使える医療機関一覧（日本禁煙学会 online）で、全国の禁煙外来が検索できます。

〈6〉詳細は、日本循環器学会ら（online）を参照のこと。この第8版から遠隔診療の手順も掲載されています。

〈7〉川井（2017）長年の禁煙外来の経験から、心理学やマインドフルネスまで、禁煙に役立つさまざまなアイデアが詰まっています。医学的な話もわかりやすく

て、抑うつ、イライラ感、頭がぼんやりして判断力が鈍ったり、人によっては吐き気をもよおすなど体調に変化がありますが、身体的な依存は必ず脱しますので、理解を得ておきましょう。また、いつもの仲間から喫煙を勧められたり、お酒を飲む場面が再喫煙のきっかけとなることが多いので、周りにも禁煙の意志を伝えておくことをお勧めします。

視点2

禁煙は一回でできたらラッキーで、再喫煙したとしてもゼロに戻るわけではなく、そこからが本番であるという視点も必要です。「禁煙」は一見すると結果がはっきりしています。そして、結果がわかりやすいだけに、真面目に取り組めば取り組むほど禁煙は一回でやるもの、失敗は許されない、というハードルを、本人、家族だけでなく支援者側も高く掲げてしまいがちです。まずは禁煙に向けて、「禁煙の情報を集める」「一日の本数をノートに記録する」「午前中だけやめてみる」などから始めてみましょう。[8]

ちなみに、禁煙外来の規定5回までの終了率は、受診者全体のわずか3割、また5回通院した人でも9か月後の禁煙率は5割ほどで、禁煙を始めた人の多くが再喫煙しています。喫煙者の平均禁煙回数は3～5回、筆者の調べでも大学生ですでに平均2～3回は禁煙に挑戦しています。それほどニコチン依存は強力なのです。

したがって、支援者は禁煙そのものの結果というよりも、禁煙に向けての行動を始めた

解説されています。

〈8〉禁煙のセオリーとして、原則的には徐々にタバコの本数を減らすのではなく、スッパリ一本も吸わない方が成功しやすいとされています。しかし、たとえば禁煙の練習として試しに「午前中だけやめてみる」という目標を立て、実際やってみての感想を話し合うことでも意義は十分にあります。スモールステップの実行は自己効力感の向上にもつながりますし、午前中吸わなくても意外と楽だったのでそのまま午後も続けてみた、ということもよくあります。

り、実際にタバコを吸わない生活を経験できた価値を称え、ねぎらい、そこから得たものを一緒に共有することに心を注ぎましょう。支援者がまず表すべきことは、再喫煙に対する苦言ではなく、支援者に言いにくいことを伝えてくれたことへの敬意です。苦しい禁煙への道のりをあれこれ指図することなく見守ってくれる人の存在は心の大きな支えになります。これが禁煙支援にとって非常に重要なポイントであると筆者は考えています。幸い再喫煙したからといって、お酒や薬物のように仕事に穴をあけてしまったり、社会的信用を大きく失ったりすることはまずありません。むしろ貴重な経験が一つ増えたことを分かち合えるような関係づくりが大事です。

なお、「禁煙」そのものは「行動」ではありません。「タバコを吸う」行動を丁寧に振り返り、具体的な対策を考えましょう。たとえば、残業時間とタバコの本数が比例するならば、タバコの代わりに好みの飲料や飴などをあらかじめ準備しておく、禁煙開始から1週間はそもそも残業せずに早めに帰宅するなどです。パターンとしては、「タバコを吸う代わりに他の行動で補完する」もしくは、「タバコを吸う引き金となりそうな場面を避ける」ことがコツです。そのためにも、まずは本人の喫煙パターンを、できれば平日と休日の双方についてモニタリングして書き出し、危ない場面に対処できるようあらかじめ戦略を練ります。認知行動療法を活用したリラプス・プリベンション（再発防止）の禁煙ワークブックなども市販されています[9]。

〈9〉原田（2014）わかり

視点3

まずはタバコに対する考えにアプローチすることから始めて、禁煙の動機につながる芽を丁寧に引き出すことに焦点を当てることも大切です。禁煙支援では、いきなり「禁煙」行動に注目するのではなく、禁煙への動機の高さに応じた対応が必要です。たとえば、すでにやる気のある人には、視点1や視点2で述べたことが必要になるでしょう。しかし、今、禁煙支援で取り残されているのは、一見すると動機が低く「無関心期」にあると見えている人です。「見えている人」と書いたのは、人は慢性的なニコチン依存であるとき、ニコチン切れの強烈な渇望感による衝動的な欲求に日常の言動や行動が支配され、中・長期的に起こり得るリスクや「この先こうなりたい」という目標や願いが見えにくくなっているように感じるからです。

このような人には、どのようにアプローチすればよいでしょうか。鍵となるのが「両価性」です。「両価性」とは相反する気持ちを同時に持つ、「タバコを吸いたい気持ち」と「タバコをやめたい気持ち」が同居している、ということです。行動に対して「変わりたい」「変わりたくない」という両方の気持ちを持っていること自体はごく自然なことであると支援者が理解し、この「両価性」をまずは受け止め、焦らず丁寧にこのような気持ちを引き出すことから始めましょう。

そのようなコミュニケーションスタイルとして、近年「動機づけ面接法（Motivational

やすいセルフワークブック形式になっており、支援者側にも役に立ちます。

Interviewing　以下、ＭＩ）」が活用されています。ＭＩは依存症全般に対する基本的な心理面接技法で、欧米を中心にエビデンスも多く蓄積されており、米国医療研究品質局（ＡＨＲＱ）では喫煙行動でも特に「無関心期」にあると言われているような人への対応として推奨されています。

ＭＩは、いきなり説得や情報提供を行うことはせず、共感的な会話の中で本人もふだんは気づいていないような深い変化への理由を引き出し、自ら語ってもらうことで行動への動機につながる発言を強化します。たとえば「昔は禁煙したこともあった」とか、「タバコの本数は少し控えるようにしている」という言葉が語られたら、それをさらに具体的に、背後にある気持ちや価値、目標を語ってもらうように促します（「ちょっと体調を崩したとき、がんにならないか心配になった」とか「せめて家では子どもに煙を吸わせたくない」など）。言い換えれば、話し手の禁煙に向かう言語行動を聞き手の応答で分化強化することにより、禁煙への動機を高めていく手法とも言えます。

ＭＩで用いる基本的技法は、ＯＡＲＳと言われる「開かれた質問（Open Question）」「是認（Affirm）」「聞き返し（Reflection）」「要約（Summarize）」の四つです。技術の習得に練習が必要ではありますが、学習方法のわかりやすさも支援者側には助けになる技法です[10]。なお、ＭＩは禁煙行動への動機を高めることが目的であり、実際はＭＩを用いながら、動機が高まってくれば具体的な禁煙方法を支援していくことになります。

〈10〉スキルの土台として、四つのスピリッツ「協働」「受容」「思いやり」「喚起」の重要性が強調されます。

二つの事例から

それでは、これまで書いてきた禁煙支援のポイントについて事例を通じて理解を深めていきましょう。

❖ 事例7「Fさんの場合」

長年の喫煙者であるFさんは、最近まで会社の喫煙所でいつもの仲間と一服していましたが、会社の喫煙所は屋外になり若い社員を中心に仲間はどんどん禁煙していきます。なぜみんな軽々と禁煙していく（ように見える）のか、若い社員は簡単に禁煙しているのに、禁煙できない自分は相当意志が弱いのだろうと、半ばあきらめの気持ちを持っているFさんは、できるだけ禁煙のことは考えないようにしていました。

そんなとき、たまたま見たテレビCMで「禁煙

事例7【概要】

相談者	Fさん
年齢／性別	55歳／男性
職業	会社員
家族構成	妻、子ども2人
喫煙歴	高校2年生から喫煙開始。子どもが生まれたときにはさすがに禁煙した方がよいかと思ったが3か月で挫折、以降も時々本数を減らしたりしていたが禁煙には至らず。1日の喫煙本数30本。
喫煙依存状況	ブリンクマン指数[11]は少なく見積もっても750、ファガストロームテスト[12] 9点。禁煙したい気持ちはあるが身体的依存が高く、なかなか禁煙できない。

〈11〉ブリンクマン指数とは「1日のタバコの本数」×「喫煙年数」のことで、Fさんの場合、25年×30本＝750、この指数が400以上で肺がんのリスクが上がり、700以上ではCOPDのみならず、咽頭がんや肺がんのリスクが数十倍上昇するという報告もあります。

〈12〉ファガストロームニコチン依存度テスト（FTND）主に身体の依存度をチェックする指標。10点満点で7点以上だと身体的依存が特に高いとされる。

表6-1　Fさんの喫煙パターンに対する喫煙の代わりとなる行動戦略

・起床時	➡	水を飲む
・毎食後	➡	すぐに歯磨きをする
・お酒に誘われたとき	➡	飲み仲間にしばらく行けないことを話しておく
・会議の前後	➡	会議室に行くときは喫煙所から遠いルートを使う
・喫煙する人が一緒	➡	禁煙することを相手に話しておく
・夜寝る前	➡	禁煙日記をつける
・10時と15時	➡	ノンシュガーのガムや飴を口にする
・電車に乗る前	➡	好きな音楽を聴く

は気合いを捨てるところから始めましょう、お医者さんと一緒に禁煙しましょう」というメッセージが目に入りました。意思が弱い自分はダメだと思っていたFさんにはそのCMが新鮮でした。また、会社の健康診断のときに医師から禁煙を勧められました[13]。医師から「今は少しでも楽に禁煙する方法があるんですよ」と言われ、まずはニコチンガムを薬局で購入し、一人で禁煙にトライしてみました。最初の3日間はタバコを吸いたくなったらガムを噛むことで何とか乗り切ってきましたが、禁煙4日目、昼食後にどうしても吸いたくなり、ここまで続けられたんだからと残っていた1本を吸ってしまったところで我に返り、後悔の念にかられました。

そこで、近所の「禁煙外来」を検索し受診したところ、医療保険診療の適応となりバレニクリンの服薬と自分の喫煙パターンを振り返る「禁煙日記」を勧められました。

その時々の戦略を考え書いておくことで（表6－1）、ただひたすら我慢するだけではなく、前向きに取り組んでいる気持ちになりました。また看護師さんに、前回は手元に残っていたタ

〈13〉禁煙への意欲はさまざまなタイミングで上がったり下がったりします。メディアや医療従事者からの一般的な情報提供も大切です。

バコを吸ってしまったことを話すと、身の周りの喫煙具が再喫煙のきっかけになるかもしれないので処分してはどうでしょう、とアドバイスをもらいました。[14] 前回は「えいっ！」と勢いだけで禁煙を始めましたが、こういったちょっとした準備が大切なのだなぁと思いました。それから、運動すると離脱症状の緩和や体重増加の防止にもなると聞き、メタボ予防も兼ねて、通勤の帰りにできるだけ一駅歩くようにしました。

禁煙補助薬を飲んでいるせいか、以前より吸いたい気持ちは抑えられているように思います。また、吸いたくなるたびに深呼吸し、自分で考えた戦略を見直したり、とりあえず次の受診日までは頑張ってみよう、という気持ちで禁煙を続けています。禁煙２週間、何となくご飯もおいしく感じます。[15] 家族にも協力をお願いしたところ応援してくれています。禁煙外来の医師からは、禁煙がうまくいってもいかなくてもよいので経過を教えてほしいと言われているので、次の受診日も気楽な気持ちで受診しようと思います。[16]

次に、視点3に出てきた「動機づけ面接」でのコミュニケーションスタイルの実際を事例に沿って解説します。

❖ 事例８「Gさんの場合」

大学生のGさんは、ある日の夕方、大学の健康相談室に現れました。厳密な「相談」に来たというよりも行くところもないし、バイトまでの暇つぶしという感じです。一通りお

〈14〉前回の経験を活かし禁煙につながる具体的な行動を一緒に考える姿勢が大事です。

〈15〉タバコをやめることの効果は、血圧が下がるなど禁煙したその日から現れています。臭覚・味覚の改善も早い人では2日後くらいから感じるようになります。

〈16〉禁煙は開始から3日後、3週間後、3か月後に再喫煙の欲求の波が現れると言われています。気軽な気持ちで、かつ油断は禁物、支援者には頭に入れておいてほしいところです。

しゃべりも終わったところで、ふとバッグの中に入ったメンソール系のタバコが目に入ったので、話題を振ってみました。

保健師　あー、タバコメンソール系吸うんだ……。【事実の聞き返し】

Gさん　えー？　あっ、これですね。そうなんですよ、同級生も卒業したし、もうタバコくらいしか息抜きできないですもん（笑）

ここで皆さんはどう答えたくなるでしょうか？　ここまで読んできた読者の中には、ここでいきなりタバコは身体に悪いからやめた方がよい、という話を持ち出す人はいないでしょうが、まずは支援者側の指導や、説得したくなる気持ちをぐっと抑えて、できるだけタバコに対する気持ちを引き出すよう促すことが肝要です。たとえば、「……というと？」（開かれた質問）や「タバコで息抜きしている……」（聞き返し）などでしょうか。

そのうちGさんがこのように言ってきました。

Gさん　だってタバコって身体に悪いとか言いつつ、ストレス解消にもなっているじゃないですか。

事例8【概要】

相談者	Gさん
年齢／性別	23歳／女性
職業	大学生（留年中）
家族構成	父、母
喫煙歴	予備校生のとき、気分転換で喫煙開始。両親ともに喫煙者。１日の喫煙本数５本。
喫煙依存状況	喫煙本数は多くないが心理的依存あり。禁煙について深く考えたことがない。

ここで「ストレス解消にはならないのに、もったいないよ」と説得するのか、さらに話を促すのかで、その後の話の展開が変わってきます。

保健師　身体に悪いかもって……。【聞き返し】
Ｇさん　そりゃあ小学生でもそう習いますよ。
保健師　そうなんだ。たとえばどんなこと習ったりしたの？【開かれた質問】
Ｇさん　そうだな。がんになったりするんでしょう？　でもあんなこと言われても、今はあんまり関係ないからなぁ。あとは、妊娠したりすると子どもに影響が出るっていうのは聞いたけど……。

Ｇさんは、タバコのデメリットについてふだんは具体的にイメージしていないのかもしれません。こちらがＧさんのことやタバコの害のことをわかったふりをせず、質問や聞き返しなどでＧさん自身が考えるタバコのデメリットを引き出すことを丁寧に行います。

保健師　妊娠したりすると子どもに影響するっていうのはＧさんにとってあんまりよくないことなんだ……。【聞き返し】

Gさん　そりゃあそうでしょう？　うちのお母さんもよく言っていますよ。子ども産むときくらいはやめた方がいいよって。自分吸っているのに何言うんだって感じですけどね（笑）

保健師　そっかー。それ聞いてGさんはどう思うの……？【開かれた質問】

Gさん　まぁよくわからないけど，もし子どもができたりしたらやっぱりやめたいとは思う。私だって好きで吸っているわけじゃないし。

少しずつ少しずつですが，本人からタバコのデメリットに関する話題が出てきました。ここで，つい「だったら絶対今からやめていた方がいいよ」と言いたくなりますが，そこを我慢してさらに丁寧に深めていきます。

保健師　好きで吸っているわけじゃない……というのは？【聞き返し・開かれた質問】

Gさん　うーん，やっぱり損していると思いますよ，身体には良くないし，お金かかるし，友達は吸ってない子多いから，一人で喫煙所探したり……。頭がタバコのことでいっぱいになる。人には勧めないですよ。私，たぶん親が吸っていなければ吸っていないです。

保健師　……Gさんにとってタバコってストレス解消にもなっていると同時に，できることならタバコの不便さから解放されたいし，自分の子どもにはこういう思いはさせたくな

いっていう、少しだけ悩みの種にもなっているって感じかな？【要約】

Gさん ……あー、何か矛盾しているなぁ（笑）

このように、タバコを吸っていることへの考えやそのデメリットについて「聞き返し」や「開かれた質問」によって丁寧に掘り下げます。Gさんは自分が言った言葉を、相手が自分の話を確認してくれた言葉として再び自分の耳で聞くことにより、願望と行動との矛盾に気づき、少しずつ禁煙の重要性を見つめ直すことで、動機が高まることになります。

もちろんこのようなやりとりの中で、一気に禁煙行動にまで動機が高まればそれに越したことはありませんが、無理に引っ張る必要もありません。Gさんにとっては、この時間が自分事としてタバコのことを考えるきっかけになったこと自体に価値があることです。実際、「じゃあ、頑張って禁煙してみます！」という言葉で話が終わったとしても吸い続けている人もいますし、そのときには「でも、できるかどうかはわかりませんが……」と別れた人が、禁煙を試してみていた、ということもよくあります。大事なことは、対話を通じてタバコについての考えを本音で話せ、ふだんあまり考えないような自分の気持ちや願いをともに振り返る場であることだと思います。そして、「あくまでも一般的な話なんだけどね、せっかくだから伝えてもいい？」という感じで、この章の視点1で説明したような禁煙への手助けについて、情報提供から始めてみましょう。

最後に――社会が変われば禁煙につながる

今でこそ日本の喫煙率は20%を下回っていますが，昭和40年代，今の高齢者が20～30歳代だった頃，日本の成人男性の喫煙率は８割を超えていました。「医者が手術の後に一服」というタバコの宣伝ポスターが普通に出回っていた時代です。街中に設置された「自動販売機」で未成年者も簡単にタバコを手に入れられるなど，タバコはいわゆる「嗜好品」として国民生活に広く浸透していました。今でも30～40歳代の成人男性だけを見てみれば，喫煙率は30%超，３人に１人は喫煙しています。喫煙は周囲からの影響が顕著な行為であり，両親の喫煙，特に女性の喫煙には親の喫煙の影響が強いことが多くの調査で指摘されています。家庭で普通に親が喫煙している姿を見れば，子どもが手を出しやすくなるのはごく自然なことです。

このように喫煙天国だった日本社会ですが，この20年ほどでタバコは「嗜好品」から「予防し得る生活習慣病の最大のリスク要因」である「依存物質」という認識に少しずつ変わってきました。受動喫煙防止の観点から健康増進法による公共施設や飲食店等での全面禁煙措置（２０２０年，一部除外あり）など環境整備も進められつつあります。喫煙場所を制限することは，喫煙行動の引き金を減らし，依存の進行を抑えるのに効果的な措置です。特に、精神科を含む医療機関での敷地内禁煙の取り組みや、「最初の一本」のきっかけとなる大学の全面禁煙措置は、喫煙率低下につながる有効な方策です。一方で、最近では若者を中心に新型タバコの台頭が問題になっています。[17]これからも「禁煙支援」は喫煙者への手段的・情緒的なサポートと環境整備の両輪で進めることが大切です。

今や、喫煙は収入や学歴といった社会的格差を示す指標の一つです。[18]たとえば、若年妊婦や生活保護受給世帯など社会経済的弱者と喫煙率の高さ、飲酒や処方薬などとの多重依存が懸念されます。喫煙率は健康に対する相談相手（ソーシャルサポート）が少ない層で有意に高いという結果もあり、「依存」という一時的な報酬に頼らざるを得ない人に対して「タバコ」に代わる「つながり」が必要とされていることを最後に記します。

〈17〉今後は紙巻タバコから新型タバコに移行すると思われますが、ニコチンによる依存形成は同様に懸念されています（田淵 2019）。
〈18〉田淵・中村（2015）

第7章

性的な問題行動
——対人関係・犯罪（痴漢）

性的な問題行動というとどのような行為を思い浮かべるでしょうか。痴漢、盗撮、のぞき、あるいは強姦などの犯罪行為を思い浮べるでしょうか。あるいは、不倫、浮気、風俗通い、不特定多数の相手との性交渉などの、犯罪ではないけれども一般的に性的に逸脱しているとされる行為を思い浮かべるでしょうか。性的な問題行動と一口に言ってもその種類は多く、人によって思い浮かべる行為は多岐にわたります。一方で、性的な問題行動の種類が多岐にわたるにもかかわらず、その原因を性的な欲求の強さにのみ求めている人が多いのではないでしょうか。もちろん、性的な問題行動である以上は、性的欲求とはまったく関係がないとは言えませんが、その多くは、支配、ストレス、スリル、安心、達成、満足、優越、復讐、浄化、当てつけ、親切などの性的欲求以外のさまざまな原因によって繰り返されています。

わが国における性的な問題行動に対する心理学的なアプローチは、２００６年に施行された刑事収容施設及び被収容者等の処遇に関する法律に規定された特別改善指導の性犯罪再犯防止指導に認知行動療法が採用されたことが契機となり、世間一般に広く知られることとなりました。この取り組みは、法務省の記述[1]において「性犯罪の要因となる認知の偏り[2]、自己統制力の不足等がある者」を対象とするという表記がなされたために、性的な問題行動に対する認知行動療法は「認知の偏り」を修正することが主たる目的であるという誤解が広まってしまいました。しかし、性犯罪再犯防止指導の内容は、「自己統制[3]」「認知の歪みと変容方法」「対人関係と親密性」「感情統制」「共感と被害者理解」といった複数の要素から構成されていることが公表されています。

また、性犯罪への認知行動療法の治療ターゲットについては、マーシャルによって整理されており（表７－１）、「認知の偏り」に限定することなく、対象者の包括的なアセスメントを前提とした心理学的アプローチが行われています。特に、取り組みの軸となる「自己統制」の中核的な要素は、再犯防止計画の作成、実行、そして実行によってもたらされた変化の評価であり、そこでは認知行動療法における代替行動の考え方が基盤の一つとされています。

〈1〉法務省法務総合研究所(2015)

〈2〉法務省における性犯罪再犯防止指導においては「認知の偏り」として記載されていますが、一般的には「認知の歪み」と表記されることが多いです。

〈3〉自己統制と感情統制の異同について問われることがありますが、自己統制は認知行動療法におけるセルフコントロールに相当し、感情のみではなく自分自身を俯瞰的に理解し、適応的な生活を送るための対処を実行する力を意味します。一方で、感情統制は、感情の浮き沈みに振り回されないための対処を意味します。

表7-1　性非行（性犯罪）行動防止における心理学的介入ターゲット（Marshall et al., 2006を一部改編）

性犯罪に特異的なターゲット	性犯罪に関連するターゲット
1. 自伝（生育歴、非行歴、犯罪歴等） 犯罪防止に必要となる自己理解を深めることを目的に、現在に至るまでの生育歴を振り返る。	**1. 物質使用や乱用** 性犯罪の背景要因としての物質使用の関与の有無と対応方法の確認を行う。
2. 自尊心 多様な成功体験を重ねることを通して、変化に向けて行動するための自尊心を高める。	**2. アンガーマネジメント** 性犯罪の背景要因としての怒り感情の関与の有無と対応方法の確認を行う。
3. 責任の受容 性犯罪に関する責任の受容を通して、再犯防止に向けた適切な自己開示を促す。 －否認や最小化 －スキーマ（認知の歪み） －被害者への危害 －共感性	**3. 養育スキル** 性犯罪の背景要因としての養育問題の関与の有無と対応方法の確認を行う。
4. 犯罪のパスウェイズ 性犯罪に至るまでの一連の過程について整理する。	**4. 認知スキル（推論と更生）** 性犯罪の背景要因としての認知機能の関与の有無と対応方法の確認を行う。
5. コーピングスタイル／スキル 犯罪の背景要因となるストレッサーに対しての適切なコーピングの獲得を目指す。	**5. スピリチュアリティの課題** 性犯罪の背景要因としての特定思想の関与の有無と対応方法の確認を行う。
6. 社会的スキル 各自の再犯防止に必要な社会的スキルの獲得を通して、適切な対人関係を構築する。 －怒り －不安 －主張 －親密や孤独 －愛着	**6. その他の心理的問題** 上記以外の心理的問題の関与の有無と対応方法の確認を行う。
7. 性的興味 逸脱した性的興味や性的興奮に対しての自己理解を促し、適切な対応を検討する。	
8. セルフマネジメントプラン 性的な問題行動の再発を防ぎ、向社会的な生活を構築する具体的な方法を検討する。 －回避方略 －グッドライフプラン －前兆のサイン（自己と他者） －サポートグループ（専門的と個人的） －再発防止プラン（仕事、住居、余暇活動）	

認知行動療法の基本となる考え方は、クライエントのパーソナリティの変容ではなく、特定の場面におけるクライエントの反応（認知、行動、感情、身体反応）の再学習です。性的な問題行動含め、あらゆるクライエントの反応は特定の場面における学習の結果であり、再学習によってクライエントの反応の変容が可能であると考えます。認知行動療法における学習というメカニズムの一つに、行動の結果によって生じた環境の変化が行動を繰り返させているということが多くの研究によって明らかにされています。ここで言う環境の変化とは、行動することによって生じるさまざまな変化であり、そこには、支配欲の充足、ストレス発散、スリル感・安心感・達成感・満足感・優越感・復讐心の充足、心が浄化された気持ち、当てつけの達成感、親切心の充足など、問題行動を行った本人にとっての快体験や不快の解消体験が含まれ、それらの体験を再体験するために行動が繰り返されています。このような原理に基づき、問題行動の変容にあたっては、問題行動によってもたらされていた体験と同様の体験をもたらし得る代わりの行動（代替行動）に置き換える学習が効果的であるということが明らかにされています。

代替行動の学習は、多岐にわたる性的な問題行動への認知行動療法の重要な手続きであり、基本となる要素として位置づけられています。実践においては、基本となる要素でありながらも多くの課題が生じるために、相応の工夫が必要となります。なお、性的な問題行動のうち犯罪行為については、その多くに対して法務省関係の施設で認知行動療法に基

事例9【概要】

年齢／性別	40歳代前半／男性
職業	会社員
家族構成	妻、娘
診断	性嗜好障害
問題行動歴	高校時代から約20年間
来談経緯	電車内痴漢行為によって逮捕。依頼した弁護士の紹介を受けて、依存症外来を有するクリニックに来院。
主訴	過去にも同様の問題を起こしたことがあり、強く反省している。今度こそは二度とやらないと心に誓っているが、病気であれば治療に取り組みたい。

づくプログラムが実施されていますが、２０１６年に施行された再犯の防止等の推進に関する法律において官民協働で複数施設が連携していくことが定められ、特に民間施設における再犯防止の取り組みの拡充が期待されています。また、性的な問題行動には、当然のことながら、犯罪行為ではないものも含まれることも踏まえ、心理職が勤務している民間の精神科クリニックを想定した二つの架空面接事例を題材として、実践上の課題と工夫について紹介します。特に、前述の通り、一般に、性的な問題行動の原因を性的な欲求の強さのみに求めるという偏見が強いことから、社会的通念や偏見にとらわれることなくクライエントの問題性に応じたアプローチを実施するためのポイントを紹介します。

❖ 事例９「電車内痴漢行為」

クライエントは高校時代から時折、電車内で女性に触れていました。大学時代に一度その行為が発覚したものの、夏休みだったこともあり、周囲に知られることなく、また被害者とも示談で済み、大きな問題にはなりませんでした。会社員になってからはなるべく控えようと思いつつも、発覚することのないよう、慎重に行為を続けていました。会社での役割に変化が生じ、責任を負う場面が増えてきた時期、電車内痴漢行為の頻度が高くなり、乗車時にあらかじめターゲットを探してまで行為に及ぶようになっていました。その後、ほどなくしてターゲットとした女性に腕を捕まれ、逮捕されるに至りました。

問題行動が続く理由　行為の最初のきっかけは、身体がぶつかったときにたまたま触れたことでしたが、次第に、女性に触れるということにスリルや特別感、満足感を覚えるようになっていきました。やめようと思うこともありましたが、何となく満たされないときや生活に刺激がないとき、電車内で女性に触れることのできる機会があった際には、結局行為に至っていました。逮捕される直前は、仕事からの一時的な開放感を求めて頻回になっていました。

❖ 事例10　風俗通い

クライエントは、妻との性交渉がなくなった頃、ふとした拍子に訪れた個室付浴場業に係る公衆浴場（ソープランド）の体験を忘れることができず、頻回に通

事例10【概要】

年齢／性別	60歳代前半／男性
職業	会社員
家族構成	妻、息子、娘
診断	性嗜好障害
問題行動歴	40歳代頃から約10年間
来談経緯	風俗通いが妻に発覚し、離婚をしない条件として、依存症外来を有するクリニックに来院。
主訴	妻に離婚を切り出される事態になったため、二度とやらないと心に誓ってはいるが、依存気味であったことを自覚しているため、この機会に治療に取り組みたい。

うようになっていきました。時折、消費者金融で少額の借金をすることはありましたが、出張時の旅費精算の返金等で工面できていたため、金銭面での問題が生じたことはありませんでした。自分にしかわからないような記号を使って、手帳に風俗通いの記録をつけていましたが、あるとき、妻に記号の意味を問い詰められて、誤魔化しきれずにばれてしまいました。妻は激怒し、夫が他の女性との関係を持っていることへの嫌悪感と、自分は一生懸命家庭を支えてきたにもかかわらず、夫は多額のお金をそのために使用していたということに、裏切られた思いがあると言います。治療を条件に離婚はしないこととなりましたが、妻の強い悲嘆反応と本人に対する叱責が続いており、対応に苦慮しています。

問題行動が続く理由　最初は、おっかなびっくりで足を運んでみたソープランドでしたが、とても綺麗な女性との行為は驚くべき体験であったと言います。以後、特定の人を指名することに加え、出張など異なる地域へ行けるときには事前に情報収集も行うようになりました。風俗通いにはギャンブルのような、日常にはないスリルと刺激があるため、やめられなくなっていました。時には、家に直帰した方がよいことがわかっている日でも、ついつい途中下車して足を運んでしまったり、ふとスマートフォンで風俗情報の検索をしてしまったりすることがありました。

個別面接の流れ

　個別面接の流れとしては、一般に、主訴の聴取を中心とした既往歴等の関連情報を確認するインテーク面接を行い、その後、当該施設における受け入れ可否の判断が行われます。[4]民間の精神科クリニックでは、心理職を含むコメディカルスタッフによってインテーク面接が行われた後、医師の診察によって受診の可否の判断が行われることが多いようです。受診が可となった場合には、その後の治療、あるいは支援の方法についての検討がなされ、心理学的な支援が必要となった場合に、個別面接、あるいは集団療法が行われます。[5]

　今回は個別面接について紹介しますが、性的な問題行動を主訴とする場合に、インテーク面接含め個別面接においても性的な話題について、面接者は、はじめのうちは淡々とした態度で話を展開することが大切になります。特に、クライエントが男性で面接者が女性の場合には、治療、あるいは支援上、性的な話題をすることは当然のことであり、特別な話題ではなく、個別面接においてはその他の話題と同様に普通の話題であるという雰囲気づくりをすることが大切です。[6]先に述べたように、原因を性的な欲求の強さのみに求めるという偏見にとらわれないことが大切であると紹介してきましたが、インテーク面接や個別面接のはじめの段階では、性的な問題行動を適切に理解するためにも、クライエントの

〈4〉当該施設において治療、あるいは支援が可能であるかどうかが主な判断基準となります。

〈5〉個別面接と集団療法の二つを実施することができる施設の場合には、クライエントのスケジュールや対人関係のパターンを主な判断基準として、クライエントと相談の上、適切と判断された方法が選択されます。

〈6〉男性の性的な問題について、一般に、女性が面接者になることが難しいという誤解があるようです。法務省における性犯罪再犯防止指導の取り組みにおいては男性だけではなく女性も担当することが決まっており、実際に多くの女性が実務に携わり活躍しています。

性的興味や性的な体験についての聴取は必要不可欠です。具体的には、マスターベーションの回数、頻度、そして行為中の想像[7]について確認することや、クライエントの性交渉の経験、そして性的に興奮する対象や場面について確認することが必要になります。

　個別面接の全体の流れとしては、アセスメント、介入、そしてフォローアップとなります。これらの一連の流れにおいては、前述の性犯罪への認知行動療法の治療ターゲット（表7－1）を軸に展開することとなりますが、家族環境や過去の犯罪歴などの個人の静的リスクに応じて治療の集中性を調整し（リスク原則）、性的な嗜好や感情統制の程度などの個人の犯罪を引き起こしそうな治療ターゲットに応じて治療内容を選定し（ニーズ原則）、治療動機の程度や向犯罪的態度などの治療に対する反応性にあわせて治療の形式を仕立てる（反応性原則）ことになります。[8] 認知行動療法の枠組みでは、静的リスクが学習歴、ニーズがターゲット行動、反応性がターゲット行動に影響し得る確立操作に相当します。

　これらの一連の経過の中で、代替行動を治療ターゲットの一つとして展開していくことになります。代替行動については、アセスメントの段階で、性的な問題行動によってもたらされていた体験を十分に確認し、治療ターゲットの検討段階において代替行動を検討し介入を行います。この過程において留意すべき点を紹介していきます。

〈7〉映像等（いわゆるアダルトビデオなど）を使用している場合には、映像の内容について確認します。特に、性的な問題行動に直接関連する映像の視聴状況の確認は必ず行います。この点について面接者は、可能な範囲で映像のジャンル等の知識を事前に身につけておくと円滑です。

〈8〉Andrews & Bonta (2003) によって提唱された、Risk-Need-Responsivity の原則（RNR原則）に基づいています。

〈9〉「許されないことをした自分が悪く、二度と同じことはしません」といったような「反省」を述べるクライエントが多くいますが、このような台詞を述べることを根拠として、治療意欲が高い、あるいは十分に反省しているので二度と同じ

「反省」という減っていくブレーキ

先に紹介した二つの事例に共通する点として、多くの場合、問題が発覚してから、弁護士や家族など周囲の人の勧めで半ば強制的に来院に至っています。そのような来院の場合には、「許されないことをしたから反省しなければならない」という思いを抱いていることがほとんどで、「自分自身が悪いことをした人間だから罰を受けなければならない」という思いで治療を受け、「反省」によって問題行動に関する渇望を抑止している状態で治療を始めることが多いです。[9]

特に、事例９のように逮捕されている経験がある場合には、逮捕されてからの一連の経過の中で、悪いことをした以上は罰を受けるべきであるということを何度も繰り返し言われていることが多く、反省しなければならないという思いを強く抱いていることが多いです。もちろん、逮捕されてからしばらくの間は、逮捕という体験がブレーキとしての役割を果たすことが多いものの、徐々に「反省」が薄れていき、一定期間を経過した後に再犯に至ることが少なくありません。[10] 事例９は、大学時代に逮捕されるという一連の体験をしているにもかかわらず、ある程度の期間が経過した後に再び行為に至っているという上述の通りの経過をたどっています。事例10のように家族からの叱責等の体験が続く場合には、

問題を起こすことはないと判断することはできません。二度と問題を起こさないためではなく、問題を起こしてしまった現状を切り抜けるために「反省」を述べることが少なくないためです。

〈10〉逮捕という体験が行動を抑制する働きをしている場合には、二度三度と同じ問題を繰り返すことがないために面接の場面にクライエントが現れることはほとんどありません。複数回の逮捕体験にもかかわらず問題を繰り返している場合には、逮捕という体験が一時的には行動を抑制するものの、徐々にその記憶が薄れていき、代わりに繰り返し行ってきた性的な問題行動の体験を想起する頻度や強度が戻ってきやすい人である可能性が高いです。そのような人が、再び性的な問題行動に至っていることが多くあります。

「反省」がそれほど薄れることなく維持される一方で、叱責され続けることが苦痛となり、風俗通いに逃げ込んでしまうという悪循環に陥ってしまうことも少なくないです。犯罪行為と犯罪以外の行為については、このように逮捕という体験の有無が面接過程に影響するため十分な注意が必要となりますが、いずれにしても「反省」をしているからといって性的な問題行動の抑止が期待できると判断しないことが大切になります。

事例9の場合には、薄れゆく「反省」というブレーキを補うために、新たなブレーキとして代替行動を獲得する必要があり、事例10の場合には傷ついた家族と適切に向き合うための一時的な逃げ場としての風俗通いに代わる代替行動が必要となります。なお、代替行動の検討においては、性的な問題行動を起こしていた場面での代替行動のレパートリーは限定的であるため、場面設定が同一でなくとも、生活全体の中で代替行動が獲得されればよいとするアプローチが必要となります[11]。たとえば、事例9のように何も考えたくないという現実逃避の体験を合法な行動に置き換えるために、性的な問題行動によって没入体験ができていた者に対しては、その他の趣味や興味の聴取に基づき、自分が没入できるヒーローものの映画を見るということが代替行動になるかもしれませんし、将棋のインターネット対戦をするということが代替行動になるかもしれません。ここでの代替行動は、当然のことながら本人の体験と興味としているところを十分に聴取し、そのような体験が得られる行動を逆算的に案出していくことになります。このような代替行動については、当

〈11〉性的な問題行動を起こしていた場面で実行可能な行動のレパートリーはそれほど多くありません。事例9のように電車内という場面の場合には、自ずと電車の中でできる行動に限られてしまいます。そのため、性的な問題行動で得ていた体験をその他の場面で充足することで性的な問題行動を

該個人が同様の体験を過去にしたことのある行動レパートリーであった方が、行動の生起と維持が期待されるものの、レパートリーが少ない場合には、新たな行動を試してみることも必要となります。

必要としない生活にしていくことも手立ての一つとなります。

「いいところ」を話してはいけないという呪い？

さて、反省が性的問題行動のブレーキとして機能するという話をしたところではありますが、実践においては、反省が代替行動獲得を阻害してしまうことも少なくありません。「自分は悪いことをした人間であるため、罰を受けなければならず、いい思いをしてはならない」という反省が代替行動獲得を阻害してしまいます。また、同時に代替行動の獲得にあたっては、もともとの問題行動によってもたらされていた体験の内容を同定することが大前提となりますが、社会通念上、悪とされる行動が快体験や不快の解消体験をもたらしていてはならないという考えが強固な状態になってしまっている人もいます。

つまるところ、反省一辺倒の状態に陥ってしまっているため、反省に代わるブレーキとしての代替行動をつくるために、そしてその代替行動がブレーキとして効果的に実行され続けるものとなるために、性的な問題行動および代替行動がもたらす「体験」について積極的な話し合いを展開していく工夫が必要となります。そのための正攻法としては、心理教育で「体験」を適切に扱うことの重要性を伝えることから始めます。まず、問題行動によってもたらされていた「体験」が問題行動を繰り返させていたというメカニズムを説明します。その体験こそがクライエントにとっての生活の支えであるため、単に問題行動をやめるだけでは、生活の支えを失った状態で我慢するだけの生活となってしまうことから、再発が起こりやすくなるのです。性的な行動でもたらされていたのと同様の「体験」をもたらす代替行動を探して、実行していくことが回復過程において必要不可欠であると伝えます。このような心理教育を行うことによって、「体験」について話し合うことへの抵抗を減らすことができますが、それでもまだ「反省」にこだわり、体験の中にいいことはなかったと固執し続ける人も少なくありません。

そこで、問題行動に限定することなく一時的な体験も含め、クライエントの生活の中でのさまざまな行動がもたらしていた「体験」をテーマとしたブレインストーミングを実施し、その中から問題行動がもたらしていた体験を引き出していく工夫を行います。ブレインストーミングにおける工夫では、事例9と事例10のように性的な問題行動の内容をもとに振り返ること[12]に加え、性的な問題行動であるからといって性的な欲求に根差した内容のみにとらわれすぎることなく多様な観点で体験を話し合うことが大切になります。

〈12〉実際の体験の一挙一動を時系列に沿って事細かに振り返ることが大切になります。認知行動療法におけるセルフモニタリングの工夫の一つに「実況中継をする」ように行うと効果的であるとされることがありますが、ここでの話し合いも「実況中継をする」かのように振り返りを展開することが有効です。

〈13〉機能的に等価である、すなわち刺激や行動の形態が異なっていても同じ機能（はたらき）を有していることを意味します。

〈14〉案出の段階で、それは「合法的でいいですね」や「問題が生じることはなさそうですね」などの評価をフィードバックすることによって案出を妨げてしまうことがあります。また、面接者が「自分の立場で悪戯や悪ふざけに相当する行動を案出してはならない」と

性的な問題行動の体験と同じ体験ができる行動なんてありません

体験を同定した後にも、頻回に生じる課題があります。それは「同じようないいことな[13]んてありません」という人が一定数いるということです。性的な問題行動によってもたらされていた体験とまったく同様の体験をすることは確かに困難です。そのため、体験を要素ごとに分解し複数の行動で埋め合わせるか、あるいは100%同じ体験とならずとも20%、40%、60%といった具合に、すべてでなくとも一部でよいので埋め合わせていくことを提案します。また、前述した通り、レパートリーが少ない人もいるため、まずは案出された行動を試してみることが大切であると伝えることも必要です。

なお、実践上生じる課題として、支援者側が社会的望ましさにとらわれてしまい聖人君子のような発想しか提案できない、あるいは認めないといったことも少なくありません。合法違法にかかわらず悪戯や悪ふざけに相当する行動をも含め検討していくことが、ブレインストーミングの原理から考えても重要であるにもかかわらず、社会的に望ましい行動のみの提案になり行き詰まってしまうことがあります。[14] もちろん、長期的な視点に立った場合には、社会的に何の問題もなく、社会的に望ましい行動に移行していくこともまた重要な課題ではありますが、治療初期から中期といった段階においては、「グレーな行動」も含

いう信念を持つがゆえに行き詰まってしまっている場合もあります。あくまでブレインストーミングという枠組みの中での案出であるという構造を十分に伝え、「この段階ではお互い良い悪いにとらわれることなく自由な発想で案出しましょう」と伝えます。案出が一区切りした後の行動の選択段階で良い悪いについての話し合いを行い、適応的な行動を選んでいきます。なお、これらの一連の話し合いの過程では、面接者が提案してクライエントが否定するという構造になりやすいのですが、そのような構造は面接における典型的な失敗例となります。目指すべきは、クライエントが提案し、面接者が意見を述べるという構造ですが、少なくとも対立となる構造ではなく、同じ目標に向かって協働的に取り組むことがう

めた提案が代替行動の段階的な獲得の助けとなります。「まずは案出の段階ということで良い行動と悪い行動を決めつけることなくいろいろな案を出していきましょう」と伝え、面接者があえて悪戯や悪ふざけに相当する行動を先に案出することも大切です。

まくいっている面接となります。

代替行動を必要としない生活

性的な問題行動がもたらしていた体験を代替行動で補うことは、「根本的な解決」にはならないのではという指摘を心理職含むコメディカルスタッフから受けることがあります。[15] 性的な問題行動の抑止といった取り組みにおいて、性的な問題行動をしない以外の「根本的な解決」が意味するところには議論の余地があるものの、面接を展開する中で、フォローアップの時期に差しかかってきた段階で「代わりとなる体験がなければならない」から「代わりとなる体験がなくともよい」という選択肢を加えた展開にしていくことも大切です。

このような発想は、性犯罪の心理学的アプローチにおいて、グッド・ライブズ・モデル（図7－1）という展開がなされています。性的な問題行動を必要としない良い生活を築いていこうという発想ですが、これだけを聞くとまさに代替行動の発想と同じであるように思われるかもしれません。しかしながら、グッド・ライブズ・モデルの発想には、性的な問題行動がもたらしていた体験の充足というよりは、本人にとって価値のある生活を築い

〈15〉パーソナリティの変容や徹底的な反省の促進こそが問題行動の抑止につながるという信念を有している人からの指摘が多く、それらの指摘は必ずしも先行研究等のエビデンスに基づかない思い込みであることが少なくありません。

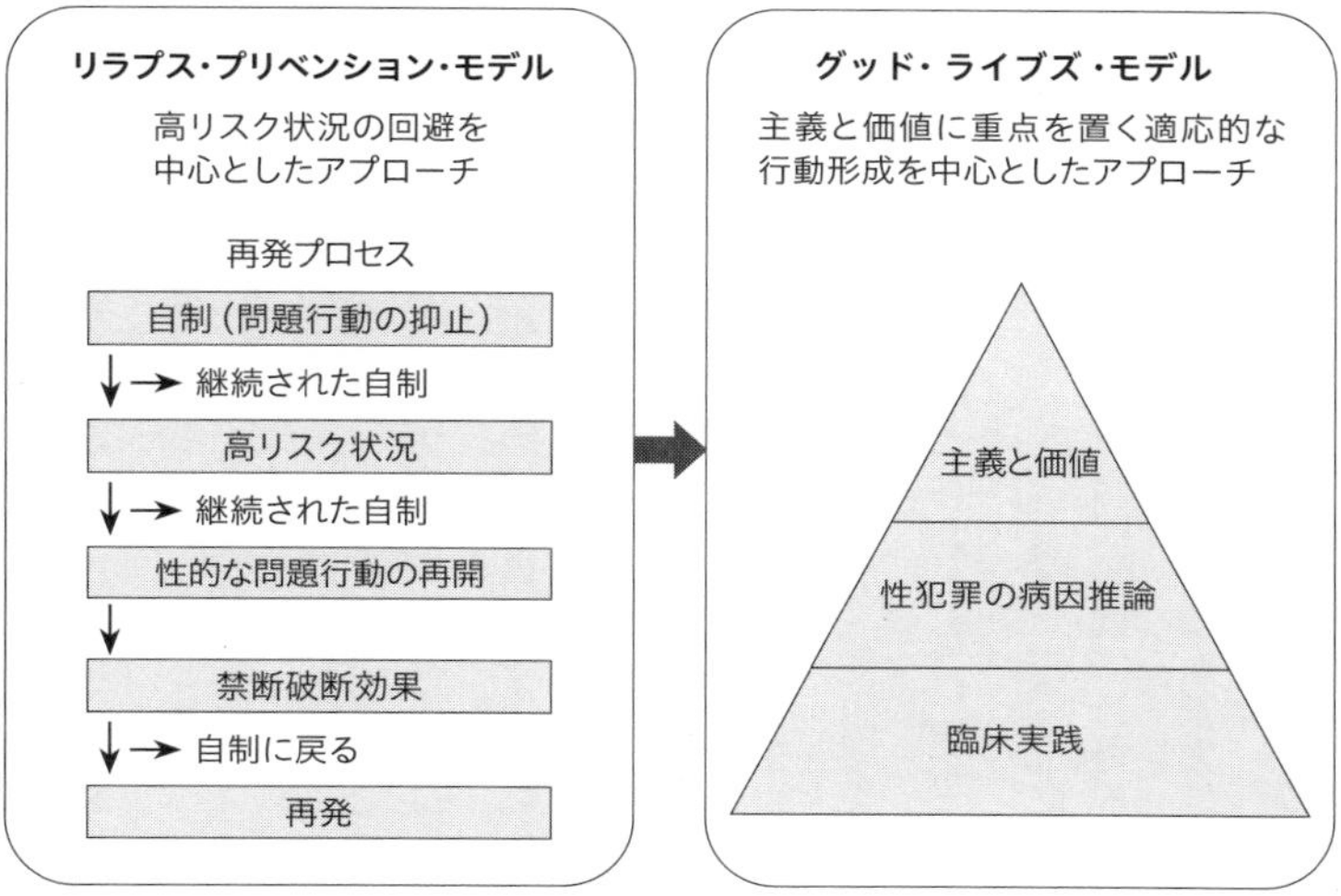

図7-1　リラプス・プリベンション・モデルとグッド・ライブズ・モデル（野村, 2016）

ていこうというニュアンスがあります。このモデルそのものについては、性的な問題行動とは独立した文脈における適応行動を獲得したとしても、性的な問題行動が生起していた当該の場面における再学習はなされないため、性的な問題行動を減らすための十分な対応であるとは言いがたいと言えます。ただし、グッド・ライブズ・モデルのプログラムの中には、従来の再発防止計画の作成、実行、そして実行によってもたらされた変化の評価に相当する内容が含まれているため、当該の場面における再学習も盛り込まれています。したがって、性的な問題行動におけるグッド・ライブズ・モデルに期待される再発の防止効果は、再犯率減少の増分効果ということになりますが、残念ながら現状の報告においては従来の取り組みとの違いは確認されていません。[16] 今後、さらなる検討が必要なテーマであると言えます。

「代わる体験がなければならない」から、「代わる体験がなくともよい」に展開していく具体的な取り組みとしては、性的な問題行動の体験とは異なるその他の快体験を積み重ねることを通して、クライエントの適応的な行動を維持し得る新たな体験を拡大していくことです。また、不快の解消体験であれば、不快を生じさせていた出来事に対して問題解決的に対処するといったことになります。事例9で言えば適切な仕事との向き合い方を検討し実践することであり、事例10であれば満足感を得られる多様な行動に取り組みながら、妻の信頼回復を図っていくことになります。

〈16〉Mallion et al. (2020) のレビュー論文において、グッド・ライブズ・モデルのプログラムでは、従来の取り組みと比較して動機づけや治療への従事といった変数の向上が確認された一方で、アウトカムとなる再犯率の差は見出されていません。

社会通念や偏見にとらわれないアプローチ

性的な問題行動の種類は多岐にわたるということを冒頭に述べましたが、本章で紹介した代替行動という視点での課題と工夫は、基本的にすべての性的な問題行動に共通します。支援者は、性的欲求の強さという思い込みから離れ、性的な問題行動によってもたらされていた体験に向き合うことこそが重要となります。特に、被害者が明確な場合においては、被害者への贖罪を優先させてしまうことが少なくない分野ではありますが、残念ながら被害者についての理解を深めさせることが性的な問題行動の抑止に効果があるとするエビデンスは得られていません。場合によっては、被害者について考えさせることが性的な問題行動を想起させる引き金となってしまい再犯のきっかけになることすらあるとされています。だからといって被害者への贖罪を否定してよいというわけではもちろんありませんが、性的な問題行動の抑止を第一とした場合においては、支援者側が社会通念や偏見にとらわれてしまうことを避け、性的な問題行動を行った人の体験に根差したアプローチを行うことが重要となります。

第8章 自傷行為（リストカット）

自傷行為とは「自殺以外の目的から、非致死的な手段と非致死性の予測をもって、故意的に自らの身体に損傷を加える行為」[1]と定義されています。[2] リストカットなど直接的に自分を傷つける行為の他にも、アルコールをはじめとした物質乱用や摂食障害的な行動、また「見知らぬ人と一緒に車に乗る」といった間接的に自分を傷つける行為も含まれます。[3] そして世界的にますます深刻になっているようで、成人や高齢者より子どもや青少年に多いこと、[4] また年齢を問わず、男性よりも女性の方が多く、[5] 日本では思春期から成人期にあたる若者世代の約10人に１人が経験しているようです。[6] また、２０２０年からのCOVID-19感染拡大による不安や自粛生活での孤独感や失業なども、自傷傾向を高める可能性があることが示されています。[7] 自傷行為には二つのタイプがあることが指摘されており、一つ目

〈1〉『現代心理学辞典』（子安ら 2021）の自傷行為を調べると、先天性代謝疾患であるレッシュ・ナイハン症候群のように2歳頃から出現する自傷行為があったり、幻聴などの精神病症状や自閉スペクトラム症、知的能力障害、意識障害、神経症の心理機制で生じる抜毛症など、自傷行為をもたらす原因やメカニズムは多彩で

は、重篤な心理学的および行動上の問題を抱えており医療機関を受診するタイプです。そしてもう一つは、中学校や高校、大学など一般の学生に見られるような、特に何も問題がないと思われるような人による自傷行為です。[8] このように、タイプによる違いはありますが、いずれも感情調整の方法として機能しています。

本章では自傷行為の中でも、特にリストカットについて取り上げます。リストカットとは、手首（リスト）を刃物など鋭利なものを使って傷つける自傷行為で、自傷の方法の中で最も多く、思春期の約10・7％に経験があるとされています。[9] 筆者が総合病院精神科に就職した２００６年頃を思い出すと、若い女性患者の場合「切ってない方が珍しい」と感じるほどでした。学校での安全感の低さや、いじめる／いじめられる経験に加え、抑うつや解離、社会不適応などの精神状態が深刻になると、リストカット傾向が高くなる可能性が示唆されています。[10] これらリストカットを含めた自傷行為に対する心理療法として、弁証法的行動療法（Dialectical Behavior Therapy: DBT）や認知行動療法（Cognitive Behavioral Therapy: CBT）の有効性が示されています。[11] そして本書のタイトルにも含まれている「代替行動[12]」は、自傷行為に対する認知行動的アプローチの中心的な位置づけと言えます。

さて、本章では先に述べたエビデンスを踏まえつつ、「代替行動の獲得」について臨床現場で培った実践のポイントについて述べるものです。筆者の臨床経験はまだ15年くらいで

あることが示唆されています。

〈2〉松本（2012）

〈3〉Walsh（2012）／松本〔監訳〕（2018）p.26

〈4〉Troya et al.（2019）

〈5〉Griffin et al.（2018）

〈6〉阿江ら（2012）

〈7〉Hawton et al.（2021）

〈8〉Walsh（2012）／松本〔監訳〕（2018）p.35

〈9〉Laukkanen et al.（2013）

〈10〉Hamada et al.（2018）

〈11〉Ougrin et al.（2015）

〈12〉Walsh（2012）／松本〔監訳〕（2018）では「置換スキル」（p.128）とありますが、代替行動と同じ意味と考えてもらって差し支えありません。

すが、リストカットやアームカットなど、さまざまな自傷行為を目の当たりにしてきました。ただ、執筆にあたり思い返すと、カウンセリングの目標に「リストカットをやめる」[13]とした事例があまりないことに気づきました。そのため、数名のCBTセラピストにリストカットのあるクライエントへの支援についての経験を聞いたところ、やはりほとんどのセラピストが同様でした。つまり、リストカットをやめることを目標としていないのです。「なぜ目の当たりにしているのに、扱うことがないのか?」と自分自身でも不思議でしたが、そこを整理しながら、現実的なリストカットへの対応について考えていきたいと思います。

代替行動に取り組むまでのアセスメントとコミュニケーション

自傷の段階的ケア[14]におけるＳｔｅｐ１~２の段階は致死性の低い自傷行為であり、短期間の介入で効果があるとされています。もちろん早期介入はリストカットの重症化を防ぎますし、自傷は自殺のリスク因子であることから、自殺の予防にもつながります。ただし、代替行動の支援は本人の同意があってこそ成り立つものです。したがって、当然ですが支援者とクライエントの間に、「リストカットを減らすために一緒に取り組める関係[15]」を築けなければなりません。しかし、リストカットのような「デリケート」かつ「恥の感覚を伴う」行動について、クライエント自らが報告することは簡単ではなく、ヘルスケアの専門

〈13〉そもそも認知行動的介入では「~をやめる」ことを目標にするのではなく、「~をする」という具体的な代替行動を目指します。

〈14〉Walsh（2012）／松本〔監訳〕（2018）p.67　段階的ケアとは、介入の強度や頻度に応じて分類されるもので、近年、メンタルヘルスサービスの世界で使われることが多くなっています。英国のＮＩＣＥ（National Institute of Health and Clinical Excellence）がまとめたうつや不安障害へのガイドラインはよく知られています。

〈15〉この関係とはどういったものでしょうか。筆者のこれまでの臨床経験から、患者は思った以上に支援者に自分のことを話せないものだと感じてきました。そのような経験から、自分の自傷行為について率直に伝えてくれて、自傷をやめるための対処方法を、フラッ

事例11【概要】

クライエント	Hさん
年齢／性別	19歳／女性
職業	専門学校2年生
家族構成	一人暮らし（実家は5人家族／第2子・長女）
診断	うつ病、社交不安障害
来談経緯	学校不適応で精神科を受診。中学時代から行っていたリストカットが増加したことも受診のきっかけとなった。

家に対して自分の自傷について開示することの難しさが指摘されています。[16] 筆者の臨床経験からもこの感覚は非常によくわかるもので、まさに初期対応[17]の大切さを感じます。極端かもしれませんが、うまく関係を築けると、多くのクライエントは基本的な認知行動的介入によってリストカットを減らすことができると思いますし、カウンセリングで扱う内容も、自傷行為そのものの対処というより、自傷行為をしてまで対処しなくてはならない心理的苦痛について話し合うことになるのではないでしょうか。ここからは事例を通じて、この初期対応と基本的な考え方について、具体的なポイントを押さえていきたいと思います。

❖ 事例11「Hさんの場合」

Hさんが初めてリストカットをしたのは中学校3年生の夏でした。受験のストレスで苦しんでいたときに友人がしていることを知りました。インターネットで調べてみると、自分と似た苦痛を持った人が「苦痛を忘れられる」と書き込みし

トに、時にユーモアを交えながら話し合えるような関係であると考えます。

〈16〉Walsh（2012）／松本〔監訳〕（2018）p.78

〈17〉ここで言う初期対応とは、リストカットのことが明るみになったときのことです。ほとんどの場合、精神科の初診時やカウンセリングのインテーク面接の際かと思います。

ていたことや、リストカットに対して「かっこいい」「おしゃれ」などのコメントがあったことから興味を持ちました。最初は痛かったのですが、切ったことの満足感も伴い、どこか自信を持てるようにもなりました。ただ、リストカットをする回数が増えてきたことが怖くなり、何とか自分で我慢した結果、１か月程度でやめることができました。高校２年生時に対人関係の悩みをきっかけにまた始めてしまい、そこに受験のストレスも加わり、週１日以上切るようになりました。その後、専門学校に進学したことで一人暮らしとなり、リストカットも続いていました。入学後間もなく、うまく友達がつくれず、学校に馴染めない状況が続いたことで、リストカットの頻度が増加しました。１日１回以上切るようになり、最近では外出するときにもカミソリを持ち出すようになりました。リストカット以外にも、うつ症状や不眠などがあり、精神科を受診しました。

問題行動が続く理由　友達でつくるグループラインでのやりとりを見ていると、取り残されている孤独感や友人に対する漠然としたイライラ感、さらにそこについていけない自分の無力感など不快な気持ちが湧き起こってきます。「自分なんて……」という気持ちとともに、切りたい気持ちが生じ、カミソリで手首を切ってしまいます。一度切り始めると「ぼーっとした感覚」で複数回切ってしまい、次第に少しずつ落ち着いていく自分を感じています。

その自傷の自殺リスクは？

「死にたいというか……消えたいです……」

まず大前提として、クライエントの自殺リスクを考える必要があります。自傷と自殺はまったく別のものですが、自傷は自殺のリスクファクターであることがわかっています。[18] この事例では、消えたいという言葉は聞かれたものの、傷口は浅く、ストレスの対処として行っていることの自覚が聞かれました。また、リストカット以外に致死性の高い自傷行為は確認されず、「死なない約束」[19] をすることもできました。ただ、自殺リスクの判断はいつも悩ましいところです。できれば関わっている他の支援者と集団的に検討し、自殺リスクに関するアセスメント（自殺を否定する根拠など）についてきっちり記録しておく方がよいでしょう[20]（表８－１）。

セラピストの過剰な反応による自傷行為の強化に注意！

「どうせあいつは死なない。見てもらいたいだけ」

リストカットに対する評価の一つとして必ず聞く言葉です。ただ自傷行為が自殺企図のリスクファクターであることは先に述べた通りです。放っておくことはできません。一方、リストカットに対する過剰な反応は、それを強める正の強化子として機能してしまいます。つまりしっかりケアをしようとする態度が、リストカットを増やしてしまうことにつなが

〈18〉Walsh（2012）／松本〔監訳〕（2018）p.18
〈19〉外来での臨床で死にたいという思いが聞かれたときに、「死なない約束」を交わすようにします。これは所属機関ごとにルールがあるかもしれませんが、希死念慮については確認する必要がありますし、支援を続けるための契約という意味でも話し合っておくことが必要だと思います。
〈20〉Walsh（2012）／松本〔監訳〕（2018）p.6

表8-1　自殺企図と自傷行為の鑑別（Walsh, 2014／松本監訳, 2018, p.6より）

	アセスメントのポイント	自殺企図 (Shneidman, 1985)	自傷行為 (Walsh & Rosen, 1988)
1	その行為の意図は何か？	• 心理的な痛みから逃避すること • 意識を終わらせること	• 不快感情（緊張、怒り、空虚感、死んだような感覚）からの解放
2	身体損傷の程度、およびその致死的な結果にいたる可能性は？	• 重篤な身体損傷 • 致死的な結果となる可能性	• ごく軽微な身体損傷 • 致死性はない
3	その行為は、慢性的、かつ反復性のパターンをとっているか？	• 慢性・反復性であることはまれ • 過量服薬の一部は繰り返される	• 慢性、もしくは高頻度に繰り返されることが多い
4	これまで行ってきた自分を傷つける行為は、複数の方法によってなされてきたか？	• 通常は1つの方法	• 通常は複数の方法で行った経験がある
5	心理的な痛みはどの程度か？	• 耐えがたく、持続的	• 不快であり、間欠的
6	認知の狭窄がみられるか？	• 極端な心理的視野狭窄 • 自殺のみが唯一の方法 • トンネル視 • 最終的な解決を求める	• ほとんどない、もしくはまったくない • いくつかの選択肢から選んだ方法 • 一時的な解決
7	望みのなさや救いのなさを感じているか？	• 望みのなさ、救いのなさが認められる	• その行為のあいだには楽観主義的な考えや自己コントロール感がある
8	その行為をした後には、不快感は減じているか？	• 改善は得られない • 改善のために治療が必要	• 速やかに改善する • 行為によってただちに平常の認知と感情を回復する •「意識の修正」に成功する
9	手段の制限	• 重度 • 救命効果が高い	• 実行可能性が乏しい • 予期せぬ自傷の誘発を招くことが多い
10	中核的な問題は何か	• 逃れられない、耐えがたい痛みによって引き起こされた抑うつ気分や怒り	• 身体の疎隔化体験・否定的な身体イメージ

る可能性があります。[21] 以下にその対応について事例を通じて述べていますが、放ってはおけないが反応しすぎてもいけない……支援者側のその難しいバランスについて「謙虚で冷静なふるまい」と「敬意ある好奇心[22]」が必要であると言われています。

この事例では、インテーク面接でリストカットについて尋ねた際、クライエントは非常に小さくうなずきました。一方こちらは、決して珍しいことではないといった態度で「そうなんですね」と淡々と進めていきます。むしろ、「そうだよね、切っちゃいますよね」くらいの反応をすることもありますが、その流れでリストカットの程度や頻度、リストカットを行うきっかけやその前後の変化、そして他の自傷行為の有無を確認しながら、認知行動的アセスメントを進めていきます。リストカットが負の強化として維持・増進していることが確認できたときには「そうせざるを得ないんですよね」と、対処行動としての理解と、自傷行為をしてしまっているつらさを伝え返すようにしています。もちろん、その苦悩については、十分に時間をとって受容的に話を聞きます。

「適度な距離を保った相談関係」を築くためのコミュニケーション

「なんで辞めないといけないんですか？　自分の身体なんだし……」

この支援者はリストカットをやめろと言ってくる[23]、とクライエントが認識したときでしょうか、時々向けられる言葉です。筆者自身も言われたことがありますが、なかなか返

〈21〉これを家族や他の支援者に説明することも必要です。そこでも、とても難しいことを踏まえた上で、「行動の科学から考える戦略」として伝えています。経験的には、多くの人が関わりすぎることの弊害を気にしているため、納得してもらえることの方が多いと思います。ただ「愛情がない支援者だ」と思われてしまうと支援に悪影響ですので、本人の自傷の苦しみを何とかしたいと思っていることを、明確に言葉として伝えておくことは忘れないようにしましょう。

〈22〉Walsh（2012）／松本［監訳］（2018）p.70

〈23〉セラピストが積極的にリストカットをやめるように促すかどうかについては、学校や会社、家庭などさまざまな関係や環境によるかと思います。筆者は医療機関の心理職として病院の中

答に困る言葉です。[24] ただ、この問いは言葉にせずとも、多くの当事者が抱いているものではないでしょうか。そして、この問いに対するセラピストの考え方や返答は、その後のセラピスト－クライエント関係に大きく影響すると感じます。

事例の患者も、感情障害の影響もあってか、リストカットをやめる方向に話を持っていくと「無理ですよ……それに自分の身体ですし……というか、ダメなんですか？」とあきらめと苛立ちを交えた言葉が返ってきました。このような言葉をクライエントから聞いたときには、筆者はほとんどの場合、以下のような流れで話を進めています。まずは、その考え方が間違っていないことを認めます。「そうですよね、間違っていないですよね。自分の身体ですし」と。ただそれだけではリストカットを認めてしまうことになりますので、タイミングを見て「でも、やっていいとは言えないんですよね、白衣を着ている以上は」と切り出します。明確な根拠はなく「支援者という立場だから」というだけですので、かなり乱暴にも聞こえるかと思います。ただ「自分のため」とか「親のため」などと言われてきたであろうクライエントにとっては、その方が感情的にならずに聞きやすいのかもしれません。もちろん背景には「やめたくてもやめられない」という無力感があると想像するからです。ただやはりクライエントにとって、これだけではやめる理由にはなりません。そこで、もう少し積極的に、なぜやめた方がいいと思うかについて伝えていきます。まずリストカットはストレスコーピングの一つとして理解できることを説明します。できればそ

で関わってきました。そのため、健康や命を守る必要性について明確なメッセージを示しやすい、つまりリストカットをやめていく必要性について触れやすいのかもしれません。いずれにしても、いつ、どのように伝えるのかについて吟味し、なるべく早く「リストカットはやめる・減らしていく」という枠組みで話し合える関係をつくりたいものです。

〈24〉臨床経験の中で、これまで自傷行為をやめるように言われてきた経験と、「やめるように言われたときに生じる認知」を聞くようになりました。さらに、自傷行為をやめるように言われた際に生じた認知が「うざいなぁ」みたいなものであったとしても、「そもそもそれはあなたにとって良いこと？　悪いこと？」と、指摘されたこと自体に対する本人の認知を聞くようにし

れまでに得たクライエントの情報（体験）を引用しながら、リストカットによる不快感の軽減により維持されていること（負の強化）について共有します。また、仮説として脳内オピオイドの分泌や、解離といった状態で痛みを感じにくくなることなど、身体的・心理的現象による要因から、やめたくてもやめられない状態（依存）になることも心理教育として伝えます。さらに、「自分を傷つけながらストレスを発散している方法」として、よくタバコと比較しながら話します。「身体に害を及ぼしてストレス発散しているという点ではタバコも一緒ですよね。なのに、なぜかタバコは認められていて、おかしいですよね」と（近年ではタバコもかなり厳しいですが）。続けて「リストカットが社会で認められていて、灰皿のように〝血を受けるバケツ〟が街中にあって、みんなで集まって手首を切っているような世界なのであれば、あなただけがおかしいとはならないですよね」などと話します。つまりリストカットの行為自体より、その行為が社会の価値観とそぐわないことがつらさの大きな原因であるという考え方を伝えています。そして、この社会の価値観とそぐわないという観点から、やはり自傷痕が残る場合と残らない場合では、将来の就職や恋愛などの機会で損をする可能性があることを中心に、自傷行為をやめていく必要性を伝えます。

　これらは筆者の臨床経験の中で自然と身につけたものですが[25]、「善悪の価値を決めつけない思いやり[26]」を積極的に心がけていたと言えそうです。事例でも同様に説明をしたところ、うつむいてやや苛立つ様子が見られたHさんも、「タバコと同じである」という話から視線

ています。必ずしも、指摘に対するネガティブな認知が相手を否定するものではないからです。

〈25〉先に述べたメタファー（たとえ話）を用いた説明について、「うざいなぁ」と感じる人もいるかもしれません。ただ、メタファーというのは、こちらの説明を伝えやすくするただのツールですし、セラピストやクライエントの雰囲気や文脈に沿ったものであることに越したことはありません。これは一つの例として参考にしてください。

〈26〉Walsh（2012）／松本〔監訳〕（2018）p.76

が合うようになりました。そして、「灰皿と同じで血を受けるバケツが街中にあったらね～」との話では少しおかしかったのか、クスッと笑う場面も見られました。最終的に、協力してやめていくことで同意を得ることができました。

二つの次元で考える代替行動

無事にリストカットの減少に向けて一緒に取り組む協力関係ができると[27]、具体的に代替行動に取り組んでいくことになります。まずはリストカットをする場面をセルフモニタリングしてもらうところから始まります。「そもそも行動を変えていくには、観察（モニタリング）して気づくことから始まります」と、セルフモニタリングの重要性をきっちり伝えます。また、観察と記録をするだけで症状の減少や消去につながることがある反応度効果（reactivity effect）についても紹介し、セルフモニタリングに取り組むメリットを提示します。そしてリストカットをしたくなる状況やその後の変化について記録することを提案し、時間があれば、初回に代替行動についても相談します。この代替行動もスモールステップで定着させることが必要ですので、出てきた代替行動の「できそうな感じ」が70～80%くらいはありそうなスキルについて、実践できるかどうかを相談します。ただ、できそうな感じが高いことは、多くの場合、今やっていることから大きく変化がないことである場

〈27〉初期対応を「自傷について明らかになった時点」とすると、それから1～3回くらい経った頃になるでしょうか。もちろんすぐにはやめられませんので、減らしていくということが前提です。自傷をしてしまったときのことより、一日でも自傷をせずに過ごせた時間があれば、その状況について詳しく聞かせてもらうなど、自傷をしなかった時間について話し合うようにしています。

〈28〉小さな変化をつくり出す介入では、「こんなことやっても変わらないんじゃないか」という疑念を持たれるのも当然かもしれません。特に、クライエント家族や一緒に支援しているチームのメンバーからも疑問視されることもありますが、「周囲の足並みを揃えること」も重要な心理支援です（自傷への介入だけでは

合がほとんどです。そうなると、クライエントからは「こんなことができても一緒じゃないか」と思われる場合もあります。しかし、今これに取り組んでいること自体に価値があることを強く伝え、ポジティブにフィードバックしていきます。[28] なお、具体的な置換スキルの中には「手首に赤のサインペンで線を引く」「氷や保冷剤を当てる」といった自傷と似た行為の対処行動（消極的な対応[29]）については否定的な見解もあるようですが、筆者はよく使います。患者にとってわかりやすく、また取り組んでいる感覚も得られやすいと感じており、その他の対処行動への橋渡しとして役立つと感じます。

さて、こうしたリストカットをはじめとする自傷行為への支援は、介入初期には確かに取り上げます。ただ、先に述べたように、リストカットをしている患者への介入の多くでは「結果的にリストカットをしなくなっていった」という印象があります。つまり、最初はリストカットをやめることを目標として始まったとしても、次第に目標が変化し、いつしかリストカットの状況は「時々確認する程度」となっていきます。リストカットをカウンセリングで扱うこと自体が強化子[30]として機能する可能性があるため、積極的に取り上げることを控えるからです。また支援全体から考えると、リストカットの先行刺激となる「不快な状態」が本質的な介入ポイントになることが多いからです。「二つの次元で考える」というのはこの流れのことで、リストカットの代替行動を支援することから、リストカットを引き起こす不快な状態のアセスメントと介入へと変わっていくのが、現場の感覚ではな

ありません）。ですので、こうした疑問について話し合えればよいのですが、現実的には、専門職に対する遠慮などから、こうした疑問を率直に伝えてくれることの方が少ないかと思います。ではどうしているかというと、筆者はこうした周囲の方々と話す機会があると、逆にこちらから、「こんなことやっても意味ないんじゃないか？　とか思いませんか？」などと話題にあげるようにしています（もちろん状況を見てですが）。そこでは介入に関する疑問や、周囲で関わる者としての不安などが出てくることもあり、一つ一つ丁寧に話を聞きます。その上で、介入に関して、「わかるところ」と「わからないところ」を率直に伝えるようにしています。つまりアセスメントです。私たちの心理支援は、そのアセスメント（仮説）に対

いでしょうか。これはリストカットへの介入に限ったことではないですが、日々の臨床の中では、今、自分が何を目標とし、どこに介入しているのかを整理しておくことが大切だと思っています。

本章の事例11では、対人関係に関する不安や孤独感などがリストカットの先行刺激でした。まずはリストカットに関するセルフモニタリングをしてもらいながら、可能であれば代替行動として、輪ゴムで手首をパチンと弾くことを試してみることとしました。これは、リストカットで得られる感覚が、リストカットを維持させる強化子の一つであるという機能分析から、それと近い感覚を得られるであろう「輪ゴムでパチン」という代替行動を用いることで、リストカットを減らしていくという介入になります。Hさんは、これまで自宅に一人でいるときにカミソリでリストカットを行っていましたが、最近ではカミソリを持ち歩くようになっており、学校のトイレなどでリストカットすることもあったようです。とりあえずできそうな対処を話し合う中で、まずカミソリを持ち歩くことはやめることとし、どうしても切りたくなったら輪ゴムで対処することとなりました。輪ゴムを代わりにする方法は本人に合っていたようで、比較的早い段階でリストカットの頻度は減っていきました[31]。並行して、リストカットの誘因となる孤独感について話し合いました。一つの場面として、LINEで友人に送ったメッセージが既読になっているのにもかかわらず反応がない、いわゆる「既読スルー」をされたという出来事から[32]、「きっと嫌われているんだ

して介入を行っていることを示し、現在の方法で効果が薄い場合は再検討することも伝えます。筆者はできる限り再検討の具体的な時期（2週間後や1か月後）も伝え、さらに、そのアセスメントには家族や周囲の情報も重要であることを伝え、「足並みを揃えながら支援を進めていきたいので、よろしくお願いします」などと言って協力関係をつくるようにしています。もちろんこうした周囲の情報共有については、クライエントの同意の上で進めていきます。

〈29〉Walsh（2012）／松本〔監訳〕（2018）p.130「自分の身体に赤のマーカーでしるしをつける」「氷や携帯用の保冷剤を当てる」など、自傷と似た行為を行う対処全般を言います。その方法に否定的な見解についても、ここで紹介されています。

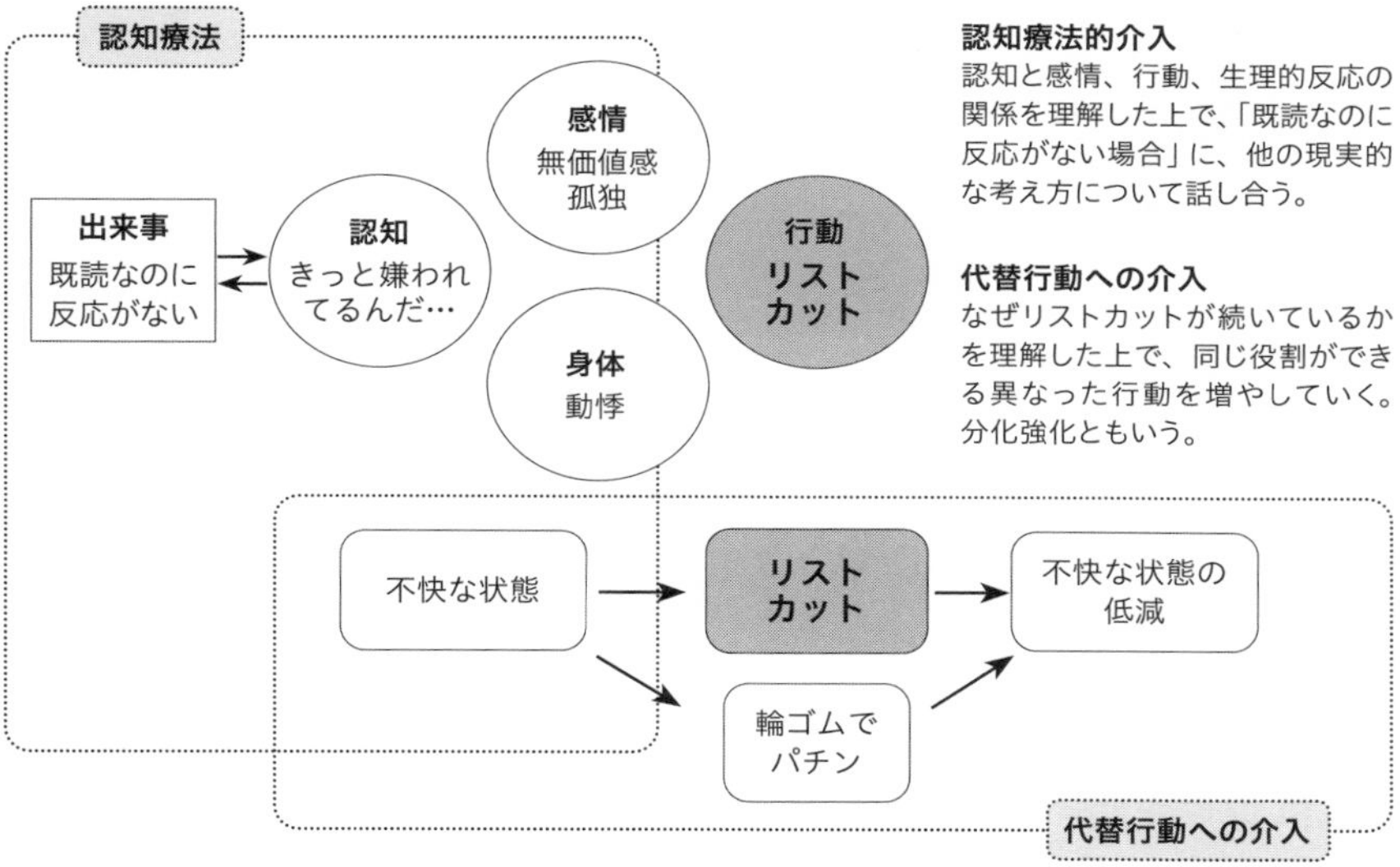

図8-1 自傷に対する認知行動的介入の一例

……」という認知が浮かび、強い孤独感や無価値感を生じさせていることが話されました。そして、リストカットにより「不快な状態」が軽減することから、リストカットが維持されている悪循環を共有しました。これら全体像を把握した上で、リストカットの代わりとして「輪ゴムでパチン」を、そして、そもそもの苦痛が生じる認知について、違った考え方があるのか、またその考えと距離をとる方法などを話し合いました（図8－1）。その後、既読スルーの際に浮かんでくる考えに、疑いを持つことができるようになり、感じていた苦痛はただの想

〈30〉本来リストカットをやめてカウンセリングを卒業していくことを目指すはずが、リストカットの「話をすること」がカウンセリングにおける「良い経験」（つまりカウンセリングの強化子）になってしまうと、卒業が遠のいてしまいます。もちろん、話をすることが強化子になるには理由があるはずで、根底には強い孤独や不安といった苦悩の存在が考えられるわけですが、ここでは自傷行為の介入という観点から見ています。

〈31〉セルフモニタリングでは、こちらから記録用紙を渡すこともありますが、通常は本人と一緒にやり方を相談しています。スマホに記録をしてもらってもよいですし、やりやすい方法をつくっていくことも一緒に取り組む関係を築くのに役立ちます。確認では、記録をしてきてくれた内容につ

像（思考）であることを理解することで、その考えと距離をとれるようになってきました。肝心のリストカットについては、輪ゴムから赤ペンで腕に色をつけるように変化し、最終的には、好きなキャラクターを赤ペンで紙に描くことで、リストカットをしたいという衝動をやり過ごせるようになりました。

まとめ

本章の執筆にあたりリストカットへの心理支援を振り返ると、代替行為に取り組むまでのコミュニケーションが非常に重要であること、そして、代替行動に取り組むことのリスクと展開を考えた支援を行うことの大切さをあらためて実感しました。もちろん今回のようにうまくいくことばかりではありません。目の前でカミソリを手にした状況を止めたこともありますし、リストカットよりひどい自傷行為に及んでしまったこともあります。そんなときは、ありきたりですが、やはり相談と再アセスメントが必要です。アセスメントが間違っていたから今の結果に至っているわけです。筆者は、心理のスーパーバイザーへの相談をはじめ、主治医や他に関わるスタッフに現状を相談し、心理以外の視点からのコメントももらっていました。可能であれば家族にも話を聞き、そしてある程度再アセスメントが整ってきた段階で、本人とも話をします。もちろんうまくいっていないことについ

いて積極的に聞いていきます。できたところはもちろん、「やっちゃった」などの失敗談も交えながら、報告してくれること自体を称賛しつつ、「ここからわかることで工夫していこう」と問題解決型のフィードバックで次につなげていくことが多いと思います。なお、最初は記録できないこともままあります。そこでももちろん否定的には返しません。今の生活に「記録」という習慣を取り入れることの難しさを伝えた上で、できる方法を継続して考えていくというスタンスが、認知行動的な介入と言えます。

〈32〉認知行動療法は現実に則した捉え方を目指すものです。ですので「既読スルー」のそもそもの定義に関する認識について話し合います。「何分後だったらスルーなのか」また「相手が返信を忘れていてもスルー

ての反省（必要であれば謝罪も）を伝えつつ、あらためて考えているアセスメントを共有します。このように、誠実かつオープンに一緒に取り組んでいく姿勢を示すことは、認知行動療法における関係性として示される「協働的経験主義」に則していると理解しており、臨床家として大切にしていきたいと思っています。

行動嗜癖の一つであるリストカットへの認知行動療法は、アセスメントも複雑ですし、初期対応からの関わり方も非常に繊細なものです。さらには周囲と足並みを揃える工夫など、考えておくべきポイントがたくさんありました。あらためてその難しさを感じていますが、一つ一つわかるところから取り組んでいってもらえたらと思いますし、筆者も引き続き取り組んでいきたいと思います。リストカットをはじめ自傷行為への支援は簡単ではありませんが、やめたくてもやめられない当事者のつらさへの理解を大前提に、現実的かつ戦略的な支援を行っていきたいと思います。

なのか」などを話し合い、生じる認知が妥当なのかどうかを自分で考えるように促します。

第Ⅲ部　家族間のやりとり

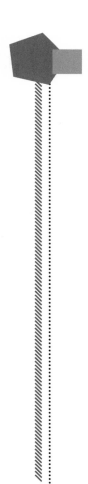

第9章　育児におけるパートナーや家族との対話

臨床の中で育児に関する困難や、夫（あるいは妻）との問題について相談を受けることはないでしょうか。この章では、育児中によくある夫婦間の対話を取り上げ、ちょっとしたものの言い方や捉え方の工夫について紹介したいと思います。養育者（父親や母親）に向けた内容を主に紹介しているため、心理師や専門職の方々には、情報の一つとして読んでいただき、自身の臨床で活かしていただけると幸いです。

育児中の対話を工夫することで、養育者が直面する問題に取り組む

たとえばマタニティーブルーズ[1]、産後うつや不安症[2]、ドメスティック・バイオレンス[3]、離

〈1〉産後女性の30～50％は産後数日～2週間に情緒不安定や睡眠困難などを経験します。一過性であり自然に回復しますが、持続する場合はうつ病の可能性を疑う必要があります。最近海外では妊娠・出産期における軽躁状態を〝baby pinks〟と呼び、その後に起こり得るうつ状態を予測し介入の必要性を説明しています。

〈2〉DSM-5では出産か

婚[4]など、出産後あるいは育児中に起こる変化や問題は明らかにあります。そのため、養育者との対話は、その問題を小さくしたり回避したりすることができる可能性を持つことからも、工夫が必要とされるものです。また、今回「対話」に関するテーマが設けられたということは、対話に困難を感じたり、対処の難しさを感じたりする養育者がいるからだと思います。かくいう筆者もその一人です。筆者自身、出産した直後に「この子を命をかけて守るんだ」と強く思ったことを今でも鮮明に覚えていて、その信念のもと育児をしていると悪循環の思考に陥ることがありました。具体的には「子どもが泣く⬇子どもが不快な思いをしている⬇不快な思いをさせてしまっている自分はダメな母親だ⬇罪悪感」「夫の帰宅が遅い⬇夫は育児を大切に思っていないし、私の育児の大変さをまったくわかっていない⬇怒り、悲しみ」など、実際の育児生活は子ども中心の生活と言われている通り、主体的に時間や物事をコントロールすることが難しい結果、その対処として自分を責めたり相手を攻撃したりするという思考にもつながることがあります。

　対話は自分との対話や相手との対話を含み、さらに対話の相手は一人とも限りません。言葉に出さなくても頭の中で考えていることが自分との対話だとすると、人は常に対話していると捉えてもよいかもしれません。相手を不快に感じさせる対話は、イライラや悲しみなどネガティブな感情を感じさせるものから、言葉の暴力など相手の自尊感情を踏みにじるようなものまでさまざまです。出産前まではまったく不快に感じなかったけれど出産後

ら最初の4週間の発症のみを産後うつ病としていますが、専門家の多くは産後1年間のどの時期にも起こることを明らかにしています。産後うつ病の有病率は11～14%、不安症は15%というデータもあります。

〈3〉内閣府男女共同参画局(2020)によると、2020年度(2020年4月から2021年3月)の相談件数は、19万30件であり、前年度(2019年度)全体の相談件数(11万9276件)の約1・6倍です。これにはコロナ禍の影響が指摘されています。

〈4〉厚生労働省(2019)によると、離婚率が高い年代は男女ともに25歳～39歳です。日本の離婚率は1・69(百分率ではなく、1000人に対し1・69組が離婚しているという意味)で、アメリカは2・9と言われています。

はとても不快に感じるというような、環境やそのときの状況によっても不快感は異なるかもしれません。ここでは育児の対話、特に産後～5歳の子育てをしている養育者の対話に関する特徴および夫の対応について紹介します。

育児に関する対話に影響するさまざまな要因

産後におきる生物学的変化

生物学的側面から見ると、出産による急激なホルモンの変化が影響し、産後2週間以内に一過性の精神的不調が起こると言われています。突然涙があふれたり、悲しくなったり、新米の母親は自分にそのようなことが起きて驚くかもしれません。そのときに「育児を頑張らないといけないのに泣いているなんてダメな母親だ」「やる気が出ないなんて、このままでは夫や家族に迷惑をかけてしまう」「元気な私がこんなになるなんて恥ずかしい」「育児をさぼっていると思われるんじゃないか」などと自分に対し否定的になってしまうと悪循環にはまってしまいます。そのようなときは、「産後は特に気分に変化が起きるもの、急な変化に驚くのも当然」と思えるとよいでしょう。パートナーや周囲の人は、産後の気分の変化は自然に起きることなのだと理解し、一過性の症状として受け止めましょう。一方で、精神的不調が1か月以上続く場合は産後うつの可能性もあるので経過を見守ることも大切です。睡眠も大きな問題となります。人によっては妊娠中から不眠が続いていることもあり、十分な睡眠が確保できず、それが抑うつ症状を引き起こす要因ともなります。睡眠状況をパートナーと共有しておくのもよいでしょう。「2時間しか眠れていない」と伝えたり、日誌やアプリに睡眠時間を記録して見せたりするのもよいと思います。そのときにありがちな父親の捉え方は「日中は仕事もせず家にいるのだから休めるでしょ」というものです。日中、子どもと一緒に昼寝をできる母親もいればできない母親もいます。昼寝ができたとしても、長時間眠れるわけではありません。

アイデンティティの模索

母親や父親になることは、自身の過去や母子関係を振り返るきっかけにもなります。それによって、過去の記憶が不快に感じられたり、人間関係やキャリア、社会的役割をはじめとして、獲得してきたことへの喪失感を抱くことがあります。これらの感覚によって「自分は良い母親になれるのだろうか」「良い母親になれないかもしれない」とアイデンティティが揺らぐことがあるかもしれません。ただでさえ自分は母親として大丈夫なのかと考えているときに、周囲から「怠けている」「イライラしすぎ」などとネガティブな言葉をかけられると、自分はダメな人間、ダメな母親などと、まるでそれが事実であるかのように思い、さらに自分を責めたり、言葉をかけてきた相手を攻撃したりすることにつながるかもしれません。

夫との対話

出会った頃やつき合いたての頃には気にもとめず、不快にも感じなかったニュートラルな言葉が、産後や育児中にはイライラしたり不快に感じたりすることがあります。それによって、行動も変化します。よくあると言われている発言をまとめてみました（表9−1）。

特に産後の数か月間、母親は家の中での生活が多くなります。核家族であれば、直接話しができるのは子どもと夫だけという状況もあるかもしれません。オンラインでの通話やSNSなど、外出しなくても外とつながる手段が増えていますが、それでも日中は常に子どものことを気にしたり、子どものことに追われて行動をしていたりすると、自分でコン

表9-1　相手が不快に感じることがある夫婦間の言葉

言葉	言われた側の考え	言われた側の感情
○○してよ。 例：ゴハンつくってよ。 お風呂準備してよ。	睡眠不足だし育児に追われているのになんであなたの言うことまで聞かなくてはいけないのか。	怒り むなしい
	育児で大変なのに指図するなんて、私の大変さをまったくわかってくれていない。	悲しい
今日のゴハン何？	私は忙しいからそれくらい自分で考えてほしい。	怒り
	やっぱり私がつくるということか。	怒り 悲しみ
何がそんなにつらいの？	授乳や睡眠、育児の大変さ、全然わかってくれていないのね。	悲しみ 怒り
最近イライラしすぎだよ。	気持ちに余裕がないしイライラするのは当たり前。	イライラ
	だめな母親だな。	罪悪感 悲しみ
付き合っていた頃と変わったよね。	こんなに大変なんだもん、変わって当然だ。	イライラ
	嫌われたらいやだな。	不安
言わなくてもわかってよ。	言ってくれないとわからない。以前わかったつもりで行動したら違うと言って怒っていたよね。	悲しい 怒り 寂しい
私のこと全然わかってくれていない。	わかるように努めているのにそれが伝わっていないんだ。	悲しい
	逆に僕のことわかってくれていないよね。	イライラ 悲しい
あなたも努力してよ。	仕事もしているし精一杯努力している。	悲しい むなしい
無言・無視	何に怒っているんだろう。何かやらかしてしまったか。	不安、恐怖

トロールできる物事がないように感じられ、一方、仕事をしている夫はある意味、社会とつながり、自分がしたいことをしているというふうに捉えてしまったり、うらやましく感じたりもします。

日中は外で仕事しているのだから、家にいるときや休日は育児をしてほしいというのは多くの母親が考えることだと思います。母親が自分の時間をつくり、コントロールできる時間を確保することができるようにサポートすることが大切です。父親へ育児をお願いすることに抵抗感がある母親もいるかもしれません。その背景には「一人の時間をつくるなんてダメな母親だ」「夫には絶対任せられない」というような、母親自身が抱く強い自責感や不安があるかもしれません。一方で父親自身も自分がリラックスしたり癒される時間を確保したりすることも大切であるということは、お互いに理解しておくとよいでしょう。昨今、父親のうつが社会的な問題としても取り上げられています。[5]

相手から、今は元気だから大丈夫、子どもと一緒で大丈夫、という言葉が返ってくるかもしれませんが、育児は長い道のりです。お互いに自分の時間をつくることを習慣づけ、大丈夫と思えるときにこそ行動しておくことが新たな発見や育児生活の幅を広げるきっかけになるかもしれません。

ここからは、以下の事例を通じて、夫婦間の対話へのアプローチを説明していきます。

〈5〉きずなメールプロジェクト（2021）

❖ 事例12「Iさんの場合」

Iさんは、日々の育児にストレスを感じ、気持ちのコントロールをすることが難しく、落ち込んだり自分を責めたりしています。夫や周囲の人に助けてほしいということをうまく伝えられないことが負担の一つのようです。Iさんの家事・育児・仕事・介護などの状況から、どのような工夫ができるか見ていきましょう。

家事　夫は平日勤務、朝7時半に出勤、夜は20時に帰宅。土日は夫が家事を担うが、平日は家事のすべてをIさんが担っている。1年前までは近所に住む実母が家事などを手伝いに毎日のように来てくれていたが、脳血管障害を患って以来自宅療養中で助けが得られない。

育児　平日、長男は保育園に通っている。大人で徒歩10分の距離を、Iさんが次男を抱っこしながら長男と手をつなぎ、歩いて送迎している。9時半登園し、17時降園。長男は基本的に機嫌が良く、次男をかわいがっている。次男は日中はIさんが見ている。次男も機嫌が良いことが多いが、日中は抱っこをしていないとなかなか昼寝をしない。夜間は泣いて起きることが数回あり、明け方の4～5時に起き、そのまま朝を迎えることが多い。次男の授乳は母乳とミルクの混合であり、最近では離乳食を開始している。

事例12【概要】

相談者	Iさん
年齢／性別	40歳代前半／女性
職業	無職（前職は非常勤勤務、次男の出産を機に退職。現在無収入）
家族構成	夫（40歳代前半・会社員）、長男（4歳）、次男（0歳6か月）
診断	軽度うつ
主訴	夜間次男が目を覚ますとうんざりしてイライラしてしまう。これから次男の離乳食を進めるのが面倒に感じてしまう。育児のことを他人（セラピスト）に相談するなんて母親失格だ。
傾向	考え：ダメな母親だ 感情：悲しい、むなしい、罪悪感、恥、怒り、不安 行動：過食、お酒を飲む、夫を強い口調で責める 身体：だるい

仕事　５か月後の４月からは復職したいと考えており、就職先をインターネットや近隣のハローワークで探している。同時に次男が通える保育園を探すためにインターネットや役所で相談している。

介護　月に一～二度、実家へ行き、一人暮らしの実母に頼まれる買い物や家事を手伝っている。

臨床のヒント

相手への言葉かけを工夫する

育児は想像以上に思い通りにいかず、毎日不測の事態が起こります。そのため、母親が一人で育児をするのではなく、夫や家族、周囲にいる頼れる人と一緒に育児をすることが理想です。一緒に育児をするには良い関係を築いていくことが大切です。良い関係を築く方法の一つとして、相手への言葉かけを工夫することがあげられます。相手を攻撃しない言葉かけの例を紹介します（表９－２）。これは、Ｉさんだけでなく、Ｉさんの夫から夫婦の対話について相談があったときにも紹介できると思います。

表9-2　相手を攻撃しない言い方

▶○○してくれたんだね、ありがとう
例：おむつ替えてくれたんだね、ありがとう（自分も替える意思があったというメッセージ）

▶大変な中○○してくれて、ママすごいね
例：睡眠不足なのに洗濯してくれて本当すごいね（睡眠不足の大変さに気づいているということや、睡眠が十分とれていない中で家事をしてくれていることへの感謝のメッセージ）

▶ママが○○してくれたから、僕が○○するね
例：ママが食器洗ってくれたから、お風呂掃除するね（家事は二人でするものと理解しているメッセージ）

セラピストは母親にも父親にも共感しノーマライズする

産後は母親もパートナーも精神的に不調になるリスクがあると言われています。イライラしたりむなしくなったりすることは当然のことで，恥ずかしいことではないとノーマライズできるとよいでしょう。「産後の夫婦間で生じる不調はよくあることである」と伝え，理解してもらうことは心理教育にもなります。このようなノーマライズは，クライエントの話をよく聞いて共感した後にするとよいと言われています。共感にはいろいろな方法がありますが，方法としては感情を言葉にして返すということが一つあります。「○○と考えると，○○な感情・気持ちになりますね」と返すことが共感になり，あなたのメッセージを受け取りましたという態度を伝えます。そうすることで，クライエント（母親や父親）にとって，セラピストは自分たちの気持ちを受け止めてくれる人，わかってくれる人と思うことができて，関係構築の一歩になります。

Iさんにとって，自身の育児や家のことをセラピストに話すことは「母親失格」という考えがあることからも，セラピストはよく共感し，育児に苦痛を感じるのは当然のことであり恥ずかしいことではないことを伝えるとよいかもしれません。

一番苦痛なことは何か，変えられそうなことから一緒に考え取り組む

今の生活の中で困っていること，一番苦痛なことは何かを話し合い，その問題が行動を

変えることで解決できそうであれば行動からアプローチし、考えを変えることで苦痛が減りそうであれば認知からアプローチするのがよいでしょう。たとえば「日常に気分転換できることを取り入れたい」「夕飯を準備できるようになりたい」は現実的に行動を変えることが問題解決につながります。「（現実的には家事・育児をしているのに）ダメな母親と思い自分を責める」ということなら、考えを変えることが苦痛を減らせることにつながるかもしれません。

行動を変えたい場合

まずは一日の行動を書いてモニタリングしてみましょう。日誌に書き込んでもよいですし、今はスマホのアプリもあるので、やりやすい方法を一緒に考えるとよいでしょう。モニタリングしてみると、この家事を夫にしてもらえたら少し楽になるかも、この時間は睡眠時間を確保するために夫に家事・育児をお願いしようなどと、いつも無理をしてしまっている行動に対して代わりとなる行動を選択できる点が見えてくるかもしれません。

パートナーにお願いする方法の一つとして、「〇〇して」「〇〇してほしい」という言い方も悪くはないのですが、「私は〇〇してくれるとうれしいな」と、直接的指示ではない、自分の気持ちとして伝えると、〇〇をする／しないの選択権はパートナーにあるので、指示（「〇〇して」）と比較して夫にかかるプレッシャーは少ないと思います。また、実際にパートナーがしている家事・育児に感謝を伝えた上でお願いするのもよいでしょう。たとえば、「(ゴミ出しの後に)なんで新しいゴミ袋をセットしてくれてないの！　ちゃんとセットしてよね！」という言い方を、「いつもゴミ出しありがとう、とても助かっているよ。もしできたらその後のゴミ袋のセットもしてくれるとうれしいな」と言い換えることができます。

Iさんの場合、夜泣きや日中も眠れないという睡眠不足がありますので、夜中の一部の時間は夫に頼んだり、土日に休む時間を確保するため夫に相談したりすることができるようになることが大切です。出産後や育児中の睡眠の悩みを相談したり、工夫の仕方を教えてもらうために産後検診や専門機関を利用することを夫婦で検討してもらうのもよいかもしれません。言葉かけの例として、「ここ数日夜中に2、3時間おきに起きていて日中も眠れていないの、もう少し眠れるようになりたいんだけど、〇〇してくれたらうれしいな」などがあります。

考えを変えたい場合

習慣になっている考えを変えることは簡単ではない取り組みです。たとえば「自分は本当にダメな母親だ」「母親失格」「まったく上手に育児ができていない」と、実際は育児をできているのに極端な考えによってネガティブな気持ちになっているとしたら、認知再構

〈6〉周産期のメンタルヘルスに関連した情報発信をする精神科医、臨床心理士、助産師、看護師によるプロジェクト。Webサイトあり。

成を取り入れてもよいかもしれません。たとえば認知再構成では、極端な考えに矛盾する事実（実際にできている家事や育児、自分以外の母親の情報など）をあげてもらい、バランスのとれた考えを見つけていきます。

Iさんの場合、「ダメな母親」「母親失格」と考えることが習慣になりネガティブな感情につながっているようですので、まずはIさんの感情に共感した上で、実際にIさんが行っている育児や家事について詳しく話してもらいます。もし実際に育児や家事をしているのであれば、本当にIさんは「ダメな母親なのか」を話し合い、表現を「ダメな母親と思いがちだけど実際は一人でよく頑張っている」というふうに言い換えることができるかもしれません。言い換えをすることによって、Iさんに感情も変化するかどうかを振り返ってもらうことが大切です。また、「ダメな母親」の確信度を0~100%で答えてもらい、仮にそれが90%だった場合、残りの10%について聞くことで、できていることの方に目を向けることができ、まったくダメではないという気づきを得ることができるかもしれません。

癒しや楽しみを感じたい場合

皆さんはどれだけ自分を癒す方法や、楽しむ方法を知っていますか。Knowell Family[6]が考える育児中にできる癒しやリラックスの方法の一部を紹介します（表9－3）。些細なことと思うかもしれませんが、実際にやってみると意外と気分が変化したり発見が生まれ

表9-3　癒しや楽しみを感じる方法の一例

・寝転ぶ	・音楽を聴く
・ストレッチをする	・部屋の模様替えをする
・好みのノンカフェイン飲料を飲む	・断捨離をする
・好きなものを食べる	・外の空気を吸う
・DVDや動画を観る	・友人などとビデオ通話をする
・SNS、ブログを見る、投稿する	・Knowell Familyのホームページを見る
・コンビニや100円ショップへ行く	

たりします。実験的にいろいろチャレンジしてみるとよいでしょう。

Ｉさんの場合、過食や飲酒にデメリットがある（たとえば、飲酒をすると育児家事をより負担に感じてしまう）と思っているので、他の行動を見つけてチャレンジしてみるのもよいでしょう。セラピスト自身がたくさんアイデアを持っていることは、クライエントの利益につながりますので、ぜひ知っておくとよいでしょう。

まとめ

この章を読んで、「こんなにうまくいくはずがない」と思われた方もいるかと思います。その通りです。育児は、はたから見ればすべてが幸せなことに見えるかもしれませんが、養育者は想像以上の困難や変化に戸惑い、いくら養育者が事前に育児について学んでいたとしても、すべてがうまくいくわけではありません。筆者自身、ある程度知識があるのにもかかわらずとても混乱しましたし、母親失格、専門職失格、と自らレッテルを貼っていました。今思うと、出産による価値観や信念の変化、あらがえない生理的変化の影響が本当に大きかったと思います。自分自身や相手を攻撃したり責めたりする、もしくは攻撃されたり責められたりする、というのはしんどいことです。意識して言い方を変えたり、そうならないための工夫をしたりという、対話を変えていくことによって、問題を緩和することができるのだと思います。支援者の皆さんも、養育者の対話の変化をお手伝いすることを一つの選択肢としていただければと思います。最後に、母親だけでなくパートナーや周囲の人たちが育児を一緒に行う社会になることを切に願っています。

第10章 物質使用によって生じる問題への家族の対処行動

物質使用障害は物質使用者本人にさまざまな心理社会的影響をもたらします。具体的には、①健康問題、②経済問題、③労働問題、④事故と自殺、⑤非行・犯罪、⑥家族問題・子どもの問題があげられます。[1] さらに、物質使用に関連した問題は家族にもさまざまな影響を与えることとなります。物質使用によって、家族の生活も一変し、家族の行動にも変化が生じるようになります。本章では物質使用障害の家族にしばしば見られる行動的特徴について概観した後、家族がとる行動の背景や結果を検討した上で、どのような家族の代替行動が家族の精神的健康の回復につながるのか、そして本人の物質使用を減らすことができるのかについて検討したいと思います。

〈1〉西川（2007）

家族の考えと行動

家族は本人の健康と幸せを願い、物質使用をやめてほしいと願いますし、できることをしようとします。同時に、物質使用に対する世間の目は冷たく、理解が得られにくい状況も多い中、家族は追い詰められ、時にそこまでやらない方がよい、と家族自身も理解している行動をとってしまうことがあります。たとえば、お金を何度も貸す行動は本人のためにはならないこと、結局、物質の入手に使われることをわかっていながら、他の人にお金の無心をしないようにと考え、お金を渡してしまうこともあります。

一つの架空事例を紹介します。物質使用障害の息子を持つ母親Jさんです。

❖ 事例13「薬物の問題に直面する家族」

Jさんは定年退職した夫と二人暮らしでしたが、5年前、長男が27歳で離婚し、それに伴い実家に戻ってきたため、同居を開始しました。最初の1～2年は長男が薬物を使用していることにはまったく気がついていませんでした。しかし、言動が荒くなる、お金の無心が増える、体重の著しい減少が見られるなどの様子から、おかしいと感じていました。ある日、ゴミ箱に注射器が入っているのを発見し、薬物使用の可能性を疑います。長男の部

事例13【概要】

相談者	Jさん（物質使用者の母親）
年齢／性別	70歳代／女性
職業	パート
家族構成	夫、長男（物質使用者本人）、次男
主訴	物質使用障害の長男との関わり方がわからない
長男の物質使用歴	20歳代前半から約15年間

屋にこっそり入り、薬物がないかどうかを確認したところ、机の引き出しから、白い粉が入った小さな袋を発見し、薬物使用が確信に変わりました。ある日、突然警察から連絡が入り、長男が薬物使用で逮捕されたことを知ります。長男は30歳になっており、懲役1年6か月執行猶予3年の判決が下りました。「もう二度としない」という長男を支えるべく、身の回りの世話をしますが、長男がまた薬物を使用するのでは、という不安から長男の行動を監視したり、腫れ物に触るように、または過干渉気味に関わったりしています。長男との関係も次第に悪くなる中、再度、お金の無心が増える、食事もとらず部屋に引きこもるなど、気になる行動が増え始めました。逮捕されてから7年ほど長男の世話をしてきましたが、長男のことが気になるあまり、自分の趣味やリフレッシュに費やす時間は減少しています。また、周囲に長男の薬物使用が知られると何を言われるかわからない、長男が再逮捕されるかもしれないという不安もあり、Jさんは周囲から孤立してしまいました。

問題行動が続く理由

Jさんは、最初は長男の回復のためにと一生懸命長男の身の回りの世話をし、問題が起こらないよう、または問題が起きたときに大事にならないよう、責任を肩代わりしていました（たとえば、長男が借金をつくった際、利息が膨らむことを心配し、家族が返済してしまう）。また誰にも相談できないため、家族内で何とかしようと薬物をやめるよう説得したり、薬物をやめないと家から追い出すと伝えたりすることもありました。しかし、薬物をやめてほしいというJさんの思いとは裏腹に、長男の薬物使用行動は減ることがなく、またJさんと長男の関係も悪化の一途をたどっています。

家族の行動の特徴

事例をはじめとして、実際に物質使用の家族と接する中でよく見られる行動的特徴としては次のものがあります。①会話を中心とするコミュニケーション、②薬物使用者本人（以下、本人）の監視・行動規制、③物質の除去、④先回り／問題への対処、⑤孤立、⑥自分への関心の減退、といった行動です。

たとえば、①会話を中心とするコミュニケーションには、物質使用に関する説得・懇願・叱責に始まり、萎縮、巻き込まれといったコミュニケーションが含まれています。先ほどのJさんの場合ですと、もう薬物を使用してほしくないという思いから、長男に「薬物をもう使用しない」という約束をさせたり、長男の機嫌が悪くならないよう腫れ物に触るように話しかけるなどがあります。②本人の監視・行動規制には、本人に物質を使用していないか何度も確認したり、外出する際に詳細を尋ねる、何度も電話やメールをする、本人の郵便物や携帯電話の中身を確認する、などの行動が含まれます。③物質の除去はそのままの内容ですが、薬物やアルコールを見つけたときにそれらを捨てる行動です。また、④先回り／問題への対処は、本人の物質使用に伴う問題が起こらないように先に手を回したり、問題が起きても大事にならないように家族が問題の後始末をしたりする行動が含まれます。たとえば、本人が借金をつくらないように、または不適切な方法でお金を入手しないようにあらかじめお金を渡しておく行動や、物質使用の結果、本人が仕事に行けなくなったときに無断欠勤にならないよう、家族が職場に休みの連絡を入れる、などが含まれます。⑤孤立は、家族が親戚、友人、近所の人といった周囲の人と距離を置くような内容です。たとえば、友人からお茶に誘われても断る、家に人を呼ばなくなる、などが含まれます。Jさんも、このような行動が次第に増えていきました。⑥自分への関心の減退は、自分自身がリラックスする時間をつくらない、以前ほど自分の身だしなみに時間を費やさない、などが含まれます。

上記の行動は長期的に見ると、家族と本人の関係が悪化する、または家族の精神的健康が悪化する、といった望ましくない結果につながることもある行動ですが、家族の行動は物質使用による問題が生じる中で、家族が追い詰められながらも必死に対処してきた過程の中で生じてきたものです。また家族の行動の背景には家族のさまざまな考え（認知）があります。

家族が抱きやすい考え（認知）には、「将来や薬物使用者に対する否定的な考え」「家族の孤立」「責任」などがあります。[2]「将来や薬物使用者に対する否定的な考え」は将来や本人に対する否定的な考えが中心となる内容、「家族の孤立」は家族が周囲と距離を置こうと

〈2〉辻ら（2020b）

するような内容、そして「責任」は家族が本人や薬物使用行動の責任を引き受けなくてはならないと考える内容です。

このような認知を抱いている家族が現状を何とかしようとして、または本人の回復を願い、さまざまな行動をとるのは当然のことです。しかし、家族がどのような認知を有し、行動していたのかを理解することなく、行動にだけ焦点を当て、新たな行動を獲得することの必要性を伝えると、家族は「やはり自分の関わりが良くなかったのだ」と考えてしまいます。支援者はまず、家族がどのように考えているのかを聴き、つらさや大変さを受け止め、「これまで家族は頑張ってきた」ということを家族に伝えることが大事です。

また、家族がなぜその行動をとらざるを得なかったのかを理解することで、家族が新しい行動を獲得する際に障壁となるものも見えてきます。障壁が見えると具体的な解決方法も見えてきます。たとえば、家族が④先回り／問題への対処の行動をとっていたとして、その背景には、これ以上問題が大きくなってほしくない、または本人の問題は自分の責任である、という認知があったとします。この考えを無視して代替行動を提案しても、家族は積極的に代替行動を試みようという気持ちにはならないでしょう。まずは、家族がどのような認知を有しているのかをゆっくりと聞き、受け止めること、そして必要に応じて認知的要因の変容を試みることが必要です。支援の場で出会う家族は多かれ少なかれ自分を責めています。そのようなときは、物質使用は家族の責任ではないことを最初に伝えるようにしています。家族が自身を責める気持ちが減ることで家族の気持ちが軽くなることもありますし、認知的な要因が変わることで新たな行動が獲得しやすくなることもあります。

家族の行動に随伴する結果

先述した行動的特徴は物質使用障害の家族にかかわらず、通常の家族関係においても見られる行動が含まれます。問題が起こらないよう、または大きくならないよう、家族として何とかしてあげたいというのは自然な考えではないでしょうか。

とはいえ、家族の生活は物質使用の問題が中心となり、本人の物質使用の問題からさまざまな影響を受ける状態になっていると言えます。そして、家族がＪさんのような行動をとることによって家族と本人の間にはネガティブな感情が生起し、結果として、家族の精神的健康の悪化や、家族と本人の関係悪化（家族機能の低下）が生じます。

さらに、物質使用行動によって生じる結果（問題）に家族が対処し続けることで、本人には物質使用による短期的かつポジティブな結果（たとえば、リラックス効果、いやなことを忘れられる等）だけが伴い、長期的かつネガティブな結果（たとえば、お金がなくなる、仕事を失う等）が伴いにくくなります。その結果、本人は物質使用によるポジティブな結果に目が向きがちになるため、物質使用は維持されやすくなると考えられます。[3]

〈3〉一方、物質使用者には

家族がとる行動は、家族が現状を何とかしたいと考えているからこそ生じる自然な行動ですし、家族のそのような頑張りは決して批判されるべき行動ではありません。また、家族のサポートは本人の回復にとって重要です。しかし、家族の行動の結果、家族が望む結果が得られたのかどうかということを考えたとき、必ずしもそうではない場合もあります。本章では、家族がとり得る行動がどのようにして生起しているのかを確認しながら、家族が望む結果を得るためには他にどのような行動が選択できるのかについて考えてみたいと思います。

コミュニケーションのポイント

さて、先ほど述べたJさんの例を参考にしながら家族の行動について見ていきましょう。まず、①会話を中心とするコミュニケーション（腫れ物に触るように、または過干渉気味に関わってしまう）が引き起こされる背景には、長男とどのように関わればよいのかがわからなくなっている戸惑い、自分の関わり方によって長男の物質使用が悪化するのではという不安、そして物質使用をやめてほしいという家族の強い思いがあると考えられます。

しかし、話せば物質使用のことばかりになってしまう会話や、腫れ物に触るような会話の仕方は家族にとっても本人にとっても心地よいものではないでしょう。また、やめると

弱化（その後のその行動の生起頻度を減少させる機能）の効果が生じにくいことも指摘されています。つまり、物質使用行動の結果として長期的にはネガティブな結果が生じることを本人が理解していても、なかなか物質使用行動をやめにくいという状況もあります。

本人が言ったにもかかわらず物質使用が繰り返されている状況や、先が見えない不安などもあり、家族から本人への声かけはネガティブな要素を含むものが多くなると言えます。そのため、ポジティブなコミュニケーションを意図的に取り入れることが重要となります。

具体的には①簡潔に、②肯定的な言い方をする、[4] ③具体的な行動に言及する、[5] ④自分の感情を理解し、伝える、⑤思いやりのある発言をする、⑥部分的に責任を受け入れる、[6] ⑦支援を申し出る、といった七つのポイントがあります。[7]

しかし、家族からすると、「なぜ私がここまでしなければいけないのか……」「これまでいろいろなことをやってきたのに、もっとやらなければいけないのか？」という思いが生じるかもしれません。これは当然な思いだと思います。まず、ポジティブなコミュニケーションを身につけることで「家族に」どのようなメリットがあるのかを伝えることが大事です。たとえば、ポジティブなコミュニケーションにより、自分が伝えたいことが本人に伝わりやすくなる、自分のストレスが軽くなる、どのように関わっていけばよいかわからない場合は一つの目安になる、などです。また、「思いやりを持った言葉かけができない」「気持ちがついていかない」と感じる家族もいるかもしれません。そのような場合、「気持ちはついていかなくても大丈夫です」と伝えます。もちろん、気持ちと言葉が一致している方が本人にも伝わりやすいわけですが、日常でも、本当はあまり感謝していない場合でも、「ありがとう」と伝える場面があると思います。明らかに感謝していないことが相手に

〈4〉たとえば、「服を脱ぎっぱなしにしないで」という言い方を、「脱いだ服は洗濯カゴにいれてね」という言い方に変えてみる。

〈5〉たとえば、「もっと掃除を手伝って」という言い方を「リビングに掃除機をかけてね」という言い方に変えてみる。

〈6〉「⑥部分的に責任を受け入れる」は、責任を分かち合う発言をすることです。具体的には、自分ができたこと、こうすればもっと良くなると思った行動に言及する内容です。たとえば、「なんでゴミを出してくれなかったの？」と言う代わりに、「今日がゴミを出す日だって、朝もう一度伝えればよかったね」と言ってみ

伝わるのはよくないですが、言葉にして伝えることは大事です。また、七つすべてのポイントをいきなり取り入れようとすると会話がぎこちなくなりますし、難しく感じてしまうため、できそうなポイントを一つだけでもいいので意識してみることをお勧めしています。家族に「もし取り入れるとしたら、どれがやりやすそうですか?」とお聞きして、できそうなことを一つでも試してもらえるとよいと思います。

本人とコミュニケーションをとる機会が多い家族や、本人とうまくコミュニケーションがとれないと感じている家族には特に、ポジティブなコミュニケーションを獲得することが重要です。

家族の不安の解消に関する代替行動

家族が、②本人の監視・行動規制、③物質の除去、④先回り／問題への対処といった行動を行う背景には、物質を使用しているのではないかという不安や、物質使用によって問題が引き起こされる（または問題が大きくなる）ことに関する家族の不安があると考えられます。しかし、上記の行動をとったその瞬間は安心したとしても、再度不安な状況に戻ってしまうことがほとんどです。また、上記の行動を家族がとることで、物質使用による結果が本人に伴わなくなりますし、本人との関係も悪化しやすくなります。さらに、当の本

るなどです。一方、家族は周囲の人から責められるような経験を有していることがありますし、誰にも責められなくても家族が自分自身を責めてしまうことはよくあることです。「⑥部分的に責任を受け入れる」について伝える際、家族が自分自身を責めることを助長しないよう、「自分にできることを伝える」と言い換えて伝えることもあります。

〈7〉Meyers & Smith（1995）／吉田・境〔監訳〕（2016）

人は、物質が家になくなれば物質を再度入手する、または物質があるところに行くだけですので、根本的な解決には至りません。

②本人への監視・行動規制、③物質の除去、④先回り／問題への対処といった行動をとっている家族が、どのような行動を新たに獲得すればよいのか、を考える際に着目すべき点の一つは、どのようにして家族が抱える不安を和らげるか、ということです。たとえば、同じ悩みを抱えている人が集まる場（Al-Anon や Nar-Anon）に家族が行き、自分が不安に思っていることを話したり、他の人の話を聞いたりすることも不安を低減する際には効果的です。Al-Anon はアルコールの問題を抱えている人の家族が、Nar-Anon は薬物の問題を抱えている人の家族が集まる自助グループです。[8] 家族が抱えている悩みは、なかなか人に話しにくいものであり、それが違法性の薬物であるとなおさらです。しかし、自助グループでは同じ境遇の家族が集まるため、お互い気兼ねなく話せる、ふだんは話せない話ができる、といった特徴があります。

自助グループに参加している家族は参加していない家族と比較して、物質使用に関連して生じる問題への対処スキルが高いことが報告されていることから、[9] 自助グループに参加することによって家族は新たな対処方法を獲得しやすくなると考えられます。他の家族が本人とどのように関わっていたのかを聞きながら新たな行動についてのヒントを獲得するとともに、自分にできることとできないことを理解していきます。「自分にはできないこと

〈8〉正確には家族だけではなく、友人や恋人など、身近な人のアルコールや薬物の問題で影響を受けている人なら誰でも参加できます。

〈9〉Rychtarik et al.（1988）

がある」ということを理解することも大きなポイントです。自分にはできないことがあるということを理解することで，行動の選択肢が変化したり，本人と適度な距離をとれたりするようになることもあります。

一方，自助グループに参加したくないと考える家族もいます。たとえば，人前で自分の家庭のことを話すことに抵抗がある，初めて参加するので不安がある，または一度参加したときにまた参加したいと思えなかった，ということもあると思います。一度も参加したことがない人に対しては，どのようなことに不安を感じているのかを聞いた上で，伝えられることがあれば伝え，不安を軽減することが大事です。たとえば，自助グループについての詳細な情報を伝える（場所や時間，どのような話がなされるのか，話さないで聞いているだけでもよい，まずは一度お試しで参加することもできる，など）こともできるかと思います。また，参加してみたけれどもまた行こうと思えなかった，でも誰かと話したい，人とつながりたいと希望される家族に対しては，グループによって雰囲気が異なるため，近隣の別の自助グループに参加することもできることや，何回か参加するうちに話しやすくなることがあると伝えるのも一つです。

しかし，やはり自助グループは合わないと感じている家族には無理に自助グループを勧めなくてもよいと思います。その場合，家族が最初につながった支援機関や窓口の担当者がゆっくり話を聞き，信頼関係をつくっていくことが大事です。家族にとっては相談窓口を訪れるだけでも多大な勇気を必要とします。どの窓口においても、家族が相談窓口を訪れた際には、相談に来てくれたことをねぎらい、また話に来たいと思ってもらえるような関わりをしてほしいと思います。

本人の望ましい行動の増やし方

家族は本人の物質使用行動にばかり目を向けがちですが、本人の望ましい行動[10]に着目することで、家族ができる行動が増えると考えられます。本人との関わりに消極的になっている家族がいた場合、家族のニーズを確認した上で、具体的に本人とどのように関わっていけばよいのかについて一緒に考えていけるとよいでしょう。

これまでさまざまな試みをしてきたけれど事態が改善しなかった経験を有する家族は、「自分には何もできない」と考えてしまうことがあります。さらに残念なことに、家族はこれまでの本人との関わり方について支援者からネガティブな指摘を受けることもあります。[11]家族が「自分は本人と関わらない方が本人にとってもよい」と考え、本人との関わりを回避するようなことがないよう、支援者は気をつける必要があります。家族の愛だけで物質使用障害は回復しませんが、家族の愛（サポート）があった方が確実に回復しやすいと言えるからです。

〈10〉望ましい行動とは、増えることが期待される行動であり、「物質使用行動と同時に生じにくい行動」だとなお良いです。ただ、一見、健康的に見える行動であっても、物質使用行動に結びつく可能性がある行動は推奨されません。たとえば「温泉に行く」という行動は一般的には健康だと考えられますが、アルコール使用障害の人で、温泉に行くと必ずビールを飲んでいた人にとっては望ましい行動ではないと言えます。

〈11〉相談機関を利用する際

大事なことは、どのタイミングでどのように関わればよいのかを家族が理解できるようにサポートする、ということです。家族は物質使用行動を増やさないための関わり方についてはある程度理解していますが、本人の望ましい行動を増やすためにどのように関わればよいのかについてはあまり理解していないことが多いと言えます。

本人の望ましい行動が増えることは、それこそ望ましいことです。しかしながら、望ましい行動を増やすために、どのように関わればよいのかという話を家族にするとき、以下のようなことを尋ねられることがあります。それは、①望ましい行動って何？ということと、そして、②実際にどのように関わればよいの？ということです。そのようなときは、まず、「望ましい行動とはこういうものですよ」、という話を家族にした上で、本人の望ましい行動としてどのような行動が考えられるのかを家族と話し合います。今の本人の生活の中で望ましい行動があまり見られない場合は、以前、本人がどのようなことで楽しんでいたのかを聞いてみることもあります。

次に、どのように関わればよいのかという点についてですが、厳密に言えば、本人が望ましい行動をとった際に、本人にとって強化子（その後の望ましい行動の生起頻度を増やす機能を持つこと・もの）となるものを与えるような関わりを行うということです。しかし、家族に「強化子」について厳密に説明すると話が難しくなるため、「本人の好きなものや、本人が喜びそうなこと」と説明したりします。ただ、「本人にとっての強化子」が特定

の困難として、「家族の責任のように言われ責められた」という経験を有する家族は4・3％～29・3％いることが報告されています（森田ら2010）。

できないことがよくあります。子どもが小さい場合は、子どもの好きなもの、子どもが喜ぶものを家族が把握していることも多いと思います。しかし、本人が成人で一緒に暮らしていない場合（または一緒に暮らしていない期間が長い場合）は特に、本人にとっての強化子が何かわからないことがあります。このようなときは、過去に本人が好きだったことを思い出してもらうこともありますが、今、本人が何を好んでいるのかを見つけていく過程も大事です。少し時間をかけて今の本人を見ていくことで、家族の本人に対する理解が深まったり、なぜ物質を使用するに至ったのか理解しやすくなったりするなど、本人が回復する際に必要となる情報を見つけやすくなると言えます[12]。

家族が親の場合、かつ本人が成人の場合に、親がそこまで積極的に関わるのが望ましいのだろうか、という疑問を感じる人もいるかと思います。しかし、実家に帰ると好きなご飯が出てくる、というのはうれしいものです。本人が好きなお笑い番組を録画しておく。そのような日常的に行われ得る関わりで十分なのです。物質使用によって関係がギクシャクしている家庭においては、通常の関わりが行えるだけでもほっとできる時間となります。

家族の健康を回復させる行動

最後に、⑤孤立、⑥自分への関心の減退といった行動についてです。家族は本人の物質

〈12〉コミュニケーションの部分でも触れましたが、家族の中には、望ましい行動を強化すること（強化子を与えること）は本人を甘やかすことになるのではないかと考える家族もいます。または、ずっと本人に振り回されてきた家族には、なぜ私がここまでやらないといけないのか、といった考えが生じることもあります。そのときは、まず家族の気持ちを受け止めつつ、無理はしなくてよいこと、できることだけで十分であるこ

使用がわかったからといって、すぐに相談機関に相談したりはしません。まずは家族のみで対処しようとします。家族は物質使用の問題を家族以外の人に話しにくいため、または知られたくないために、孤立しがちになります。また、本人のことを優先するあまり自分のことが後回しになることがよくあります。さらに、家族にはうつ、不安などの精神症状が生じやすくなることもあり、[13] 自分の楽しみを追求する意欲が低下しがちになります。

家族に、⑤孤立が強く見られる場合は、前述のような、Al-Anon や Nar-Anon[14] といった自助グループを紹介することもあります。一人でいる、家に引きこもるといった行動の代わりに、自助グループに参加してもらい、話せる場を確保することが効果的です。また、⑤孤立に加え、⑥自分への関心の減退が強く見られる家族の場合は、家族自身が健康になること、家族が回復することが大事であることを伝えた上で、家族自身の楽しみを取り戻すことに力を注ぐことも大切です。

しかし、本人が物質を使用し続けており、さまざまな問題が起こっている渦中で、自分自身の楽しみを求めるように言われても気乗りがしない家族や、罪悪感を抱く家族もいらっしゃいます。それは自然なことでもあります。しかし、家族がリフレッシュを取り入れ気持ちが軽くなることで、絶望的だと考えていた状況を新しい視点から捉えることができるようになり、解決方法を見つけやすくなることもあります。自分、そして本人にとってもプラスの効果が見られることもあると家族に伝えた上で、家族が何かやってみようと

とを伝えます。その次に、本人の望ましい行動を強化することは、最初は慣れないこともあり大変かもしれないが、長期的には家族自身にもメリットがあることを説明します。本人の望ましい行動を強化する家族にも強化子が伴うことを家族に伝えることが大切です。

〈13〉Morita et al.（2011）

〈14〉Webサイトあり（巻末文献参照）。Nar-Anonについてはオンライン開催しているグループもあるのでWebサイトをご参照ください。

いう気持ちになった際には何ができるかを一緒に考えます。とはいえ、実際にリフレッシュの時間を取り入れてみよう！　と思い試してみても、心の底から楽しめなかったり、Jさんの場合ですと、自分がいない間に他の人からお金を借りるのではなど、不安になったりすることもあると思います。家族にとってどのようなことが不安であるのかを先にお聞きし、対処できることには対策を立てるのも一つです。そして、リフレッシュの時間を取り入れた結果どうであったのか、気持ちに変化はあったのかなども確認しながら、取り組める範囲内で少しずつ試していくとよいと思います。また、何か新しいことをやろうとするとエネルギーが必要になります。これまでやっていたことや日常でできるささやかなこと、たとえば紅茶を飲むといった本当に短い時間であってもいいので、自分のための時間を確保することが大事です。

家族が自分の趣味やリフレッシュの時間を楽しめるようになってくると、家族の精神的健康が回復しやすくなります。それだけも十分ですが、家族が自分自身に目を向け自分のために何かを行うことで、自ずと本人に意識を向ける時間が減少する、本人と適度な距離感が保てるようになる、といった効果も期待できます。つまり、家族が自分自身の楽しみを求める行動は、②本人の監視・行動規制、③物質の除去、④先回り／問題への対処といった行動の代替行動にもなると言えます。

まとめ

物質使用行動の問題に向き合うとき、本人の回復や支援に焦点が当てられることが多いと言えますが、家族の回復と家族への支援も必要不可欠です。これまでのわが国における物質使用行動への支援や対策では、家族への支援がおざなりになっていました。家族に焦点が当てられることがあっても、家族の行動の変化を通じた本人の物質再使用の防止が中心でした[15]。本章でも、家族の行動の変化を通じて本人の物質使用行動の減少を試みる内容について言及している部分があります。家族の回復と本人の回復は車の両輪のような補完的な関係であるため、完全に切り離すことはできませんが、家族自身の回復が必要であるという視点は忘れてはならないと考えています。

とはいえ、自分のことより本人の物質使用行動を何とかしたいと強く考えている家族もいることから、まずは家族のニーズを丁寧に聞き取り家族が求めている支援を考えていくことが大切です。その上で、支援者は家族がとっている行動を家族と一緒に見ていき、必要があれば新たな行動を獲得することのメリットも伝えていけるとよいのかなと思います。

本章では、家族の行動を大きく六つに分け代替行動を検討してきましたが、必ずしも、家族の行動的特徴と本章で述べた代替行動がセットになっているわけではありません。家族

〈15〉安高（2017）

がとっている行動がどのような刺激によって引き起こされるのか、その行動を行うことで家族にはどのような効果が生じていたのか（結果が随伴していたのか）を検討した上で、適時必要な代替行動を検討していけるとよいと思います。

第11章 中高生のゲーム問題に対する家族のコミュニケーション

近年、不登校に関する保護者からの相談内容として、子どものゲームへの没頭が話題になることが多いという感覚は、読者の皆さんとも共有できると思います。また、すでに保護者は子どもの長時間のゲームに対して、生活に支障が生じないように制限を試みていることも多いです。しかし、制限を試みた結果、子どもが憤慨してしまったり、閉じこもってしまったりすることで、親子関係がぎくしゃくし、うまくコミュニケーションがとれなくなってしまうこともあります。筆者の受けた相談の中には、学校を休みがちな子どもに対して保護者がゲームの時間を減らすように強く伝えたところ、子どもが逆上し、家の中の物を壊して回り、その後部屋に閉じこもるようになって完全不登校の状態になったという事例もありました。このように、子どもの突発的な攻撃的行動や回避行動への対処に悩む家族は少なくありません。実際に、ゲームの制限のいざこざを発端に、子どもが危険な行動に及んだという事件も近年報道されることがあるため、その点を非常に心配する保護者の気持ちは十分理解できるものです。中には子どもと恐る恐る関わることに親が疲弊してしまっている事例もあります。このように、家族がコミュニケーション不全の問題を抱えるというのが、子どものゲームへの没頭によって家族が直面する問題の一つと言えるでしょう。

インターネットゲーム障害

そもそもゲームにまつわる問題というのはどのようなものなのでしょうか。精神疾患の診断・統計マニュアル[1]（ＤＳＭ－５）において、今後研究が推奨される病態として、「インターネットゲーム障害[2]」の記述があります。ゲームへのとらわれや離脱症状（ゲームをしていないときに、イライラしたり、落ち着かなくなる状態）といった症状群からなるもので、ＤＳＭ－５では「物質関連障害および嗜癖性障害群」に含めることが提案されています。[3]このように、ゲームにまつわる問題は、他の物質関連障害や嗜癖性障害という、いわゆる依存症の類と比較して、認識され始めてからの歴史が浅く、実態に関する研究もまだまだ多くはない状況にあります。

〈1〉American Psychiatric Association (2013) ／高橋・大野〔監訳〕(2014)
〈2〉Internet gaming disorder
〈3〉海外のデータでは、青年期におけるインターネットゲーム障害の有病率は、4・6％であるということが報告されています (Fam, 2018)。

ゲームは具体的にはどのような問題を引き起こすのでしょうか。10～18歳を主に対象とした、依存症対策全国センターの調査[4]によると、子どもたちが初めてインターネットゲームに接するのは、9歳から12歳頃が最も多く、小学生の頃からインターネットゲームへの接触が始まることが多いようです。さらに、本調査の上限値である、1日に6時間以上ゲームをする人は、ゲームのせいで学業や仕事を危うくしたり、大切な人との関係を危うくしたりしてもゲームを続けてしまう傾向があります。その他にも、ゲームのために約束を忘れてしまってそれを果たせなかったこと、身体の健康に問題が生じたこと、睡眠や心の問題が生じたこと、ゲームのためにお金を使いすぎたことなど、すべてにおいて、6時間以上ゲームをする人が最も大きな割合を占めています。[5] つまり、1日6時間以上のゲームをする子どもがいる家庭においては、ゲーム時間を減らすための試みは、子どもの心身の健康、そして社会とのつながりにおいて重要になると言えます。

ゲームの問題に対する一般的な対処

筆者の経験上、子どものゲームに関する問題では、当事者本人よりも保護者が相談に訪れることが多く、問題が大きくなればなるほど、なかなか本人と対面できない印象があります。[6] その場合は、保護者と一緒に試行錯誤していくことになります。では、ゲームによっ

〈4〉依存症対策全国センター（2019）

〈5〉この割合は男女混合の割合で見た場合で、男性であればすべて6時間以上が大きな割合となりますが、女性においては若干のばらつきがあります。詳細は依存症対策全国センター（2019）を参照してください。

〈6〉筆者は教育機関（学校現場）においてカウンセリング業務を担当しているためそのような印象がありますが、相談機関（たとえば医療機関など）によって、誰が来談するかは異なるようにも思います。

表11-1　ゲーム行動への対処方法（本人）（Rodda et al., 2018より一部改変）

- 今までインターネットゲームに費やしていた時間を有効に使う。
- 趣味、仕事、勉強、運動、そして日常の家事に取り組んだり、他の人と一緒に過ごしたり（人と顔を合わせて交流する）、一人で別の活動（本を読む、料理をする、音楽を聴く、など）をして過ごす。
- 他の興味のあることや活動（ボランティアなど）に注目して活動をする。楽しい活動を見つけること、退屈しのぎや暇つぶしになるような活動も含む。
- ゲームに使うような電子媒体を使って、他の活動を行う（電子書籍を読む、など）。
- インターネットを通じて行っていたゲームを、オフラインで行うことができるものに置き換える（インターネットゲーム→ボードゲーム、など）。

て問題を引き起こしている本人および家族は、その問題に対してどのように対処をしてきているのでしょうか。ゲームに関する問題への具体的な対処方法について概観した研究では、ゲームのプレイという行動に対して本人がとる対処方法として、代替行動の実施が最も多く用いられていることが報告されています[7]（表11－1）。一方で家族（保護者）がとる対処法としては、制限、情報提供、観察といった子どもと議論・口論に発展してしまうような対処のほか、保護者自身がゲームに関する知識や情報を身につける（たとえば、一緒にゲームをプレイする）などがあげられています[8]（表11－2）。このように、ゲームに関する問題が生じたときの対処は、本人の場合はゲームをプレイするという行動を別の行動に置き換えること、保護者の場合は言葉を通じて、時には言葉を用いずに、本人に注目してコミュニケーションをとることが対処法となります。前者はまさに、嗜癖行動に対して代替行動を見つける、ということになりますが、後者は保護者がふだんの本人との関わり方の方法

〈7〉Rodda et al.（2018）pp.467–476

〈8〉Gong & Rodda（2020）

表11-2　ゲーム行動への対処方法（保護者）（Gong & Rodda, 2020より一部改変）

- 決められた時間以外のルーターを通じたインターネットアクセスを制限する。
- 決められた時間以外のゲーム媒体（コンピューター、ゲーム機など）へのアクセスを制限する。
- セルフコントロールについて話し、コントロールがうまくいかなかったときにどのような結果になるかを話し合う。
- 学校生活、社会生活、身体的活動の水準の変化などの、問題の兆候を観察する（見定める）。
- （保護者が）ゲームに親しみを持つ。子どもと一緒にゲームをしたり、ゲームに参加したりする。
- 約束した行動ができたときに賞賛し、それに伴う結果をフォローする。

や質を変える、という意味でコミュニケーションに関する代替行動（新たな方法）を見つけるということになります。この章では家族の関わりに焦点を当てているため、以降では後者をいかに実施していくかということを中心に述べていきます。

事例から考える

❖事例14「ある中学生Kくんの場合」

ここからは架空事例を通じて考えてみたいと思います。中学2年生のKくんは、中学校入学当初は問題なく通学していましたが、1年生の後半頃より友人とゲームをするようになりました。最初は楽しそうにプレイしながら日常生活に問題はなかったのですが、2年生になってから昼夜が逆転し始め、不登校傾向となりました。今では寝ているとき以外はゲーム端末を手放せず、一日中何かしらのゲームをしています。両親

事例14【概要】

年齢／性別	14歳／男性
職業	中学2年生
家族構成	両親（40歳代）、弟（小学5年生）
診断	起立性調節障害
来談経緯	中学2年生頃から昼夜逆転し、不登校傾向となる。現在は寝ているとき以外はゲーム端末を手放せず、一日中何かしらのゲームをしている。両親が叱責するも変わらず、日中は寝ていることが多くなってきた。繰り返し注意すると「うるさい」などの暴言が返ってくるため、両親もそれ以上のことは言えずにいる。

が叱責するも変わらず、ゲームを取り上げようとすると激昂してしまったこともあります。一度そうなると自室にこもって出てこなくなり、食事もとらなくなってしまうので、このまま引きこもってしまうことを危惧した両親は、取り上げるなどと口にすることをやめました。せめて学校に行っているはずの日中の時間帯はゲームをせずに勉強してほしいと伝えていますが、わかっていると言いながらもゲームをやめることはなく、今では日中は寝ていることが多くなっています。繰り返し注意すると「うるさい」などの暴言が返ってくるため、両親もそれ以上のことは言えずにいます。

このような事例で、ゲームを制限する、という対応は有効な場合もあるでしょう。しかし、行動変容の観点から考えると、ある人が何かしら良い体験を得られる（あるいは、悪い体験がなくなる）ことを理由に続けている行動に対して、その良い体験を取り除くと、一時的にその行動の強さや頻度が爆発的に増えることがあります。[9] 胡椒を振りかけるときになかなか出てこなくて、容器を強く振ったり叩いたりしたことが誰しもあるかと思いますが、それと同じです。理屈上は、その「一時的」を乗り越えられれば行動は治まっていきますが、一時的に爆発する行動が、保護者にとって許容できる範囲かどうかという問題は、無視してはならないポイントです。胡椒の容器を振りすぎることで、想定以上の胡椒が飛び出して大惨事になったことがある人もおられると思いますが、それと同じで、一時的に強くなる反応がどの範囲に収まるかは、特に子どもの年齢が上がるにしたがって想定しき

〈9〉「消去バースト」と呼ばれる現象です。

れない部分があります。「もうこんな家いやだ」と言って家から飛び出していく子どももいるかもしれません。他人から見れば、どうせ帰ってくるよ、と言えるかもしれませんが、保護者としては万が一何かあったら……、取り返しのつかないことが起きたら……という考えの方が強くなるかもしれません。この気持ちは、本人の家族ではない赤の他人の私たちが軽く扱ってはならないものです。ゲームを制限されたとき、子どもはあらゆる方法で自身の考えを主張しようと、つまり保護者をコントロールしようとします。時にはその方法が非常に攻撃的、破壊的であり、保護者も恐怖を覚えたり身の危険を感じたりすることもあるでしょう。このような場合、保護者は想像されるリスクを回避するために言いなりになったり、さらに制限を強めて力で抑え込もうとしたりすることなどがあります。状況を想像すると、子どもの健康や生活を守るためにやむを得ない対応方法であると言えますが、多くの場合、このような方法では子どもの行動変容は生じず、事態は改善しません。支援者は、保護者の葛藤を十分に理解しながらも、それとはまったく異なる子どもへの関わり方を検討していく必要があります。

代替行動の検討

この事例の場合、考えられる重要なアイデアとして、保護者のコミュニケーション方法を違う行動に置き換える、つまり保護者の行動を変容することから始める、という方法があると考えます。その理由には次のようなものがあります。

情報収集のためのコミュニケーション

一つ目に、本人の問題が明白になっておらず、本人とどんなことに取り組むとよいかわからないため、それを探るところから始めなければならない、という理由です。ゲームは行動の持続頻度が高く、あらかじめ決めていた時間を守れなくなるという特徴があります。ゲームのプレイ時間が長くなると、他者とコミュニケーションをとる時間は必然的に減少します。すると、長時間ゲームをする理由、そして学校等の社会生活を犠牲にする理由などが語られる機会も少なくなり、本人の状況を保護者もよくわかっていない、ということがしばしば起こります。筆者が保護者と行うカウンセリングの中でも、保護者は子どもがプレイしているゲームの名称はわかっていても、「誰とプレイしているか」「どの時間帯に特に熱中してプレイしているか」「ゲームのどんな要素を楽しんでいるか」という行動変容にとって重要な要素について尋ねると、「そこまではちょっと……」という答えが返ってくることも少なくありません。ゲームはその持続時間の長さから、大変目立つ行動ですが、不登校の原因は必ずしもそれとは限りません。ゲームも学校も両方とも充実しているのであれば、夜間ゲームをやりすぎて徹夜をしてしまったとしても、学校に行こうとする行動がいくらか生じるはずです。これまでに筆者が担当した事例の中でも、実は学校での友人関係の不和や、学習についていくことができないために学校に行きづらくなり、そのような苦しさを一時的に忘れるためにゲームに没頭していた、ということが話を続けていく中でわかったこともありました。このように、ゲームは不登校をはじめ社会生活上の問題を生じさせることがありますが、多くの場合ゲームを維持させている要因は学校などの社会生活上にあるものです。そのため、まずはゲームをしている本人とコミュニケーションをとることで、具体的な友人関係や学校生活場面などといった問題につながるポイントがないかを知ることが重要です。保護者とのカウンセリングでは、このような話を通じて、子どもに対してゲームをやめさせるというよりも、まずは子どものことを知るように働きかけていきます。

ゲームと拮抗する行動としてのコミュニケーション

二つ目の理由として、保護者を含む他者とのコミュニケーションは、ゲームのプレイと拮抗する行動になるからです。拮抗するというのは、同時に起こり得ないという意味で、保護者とコミュニケーションをとっている時間は、本人はいつも通りにはゲームをプレイできなくなります。ゲームはそもそも非常に刺激的で、いかにプレイヤーを楽しませて熱中させるか、ということに注力して開発されているコンテンツですので、ゲームに夢中になっている人に対して、ゲームをやめさせる、ということは極めて難しいことであると考えるべきです。そのため、ゲームに費やしていた時間を部分的に少しずつ他の活動の時間に置き換えていく、ということを目指す方が効率的です。もし、コミュニケーションをとるとちょっと心地よい、と本人が感じてくれたならば、コミュニケーションの機会も少しずつ増え、それに伴ってゲームのプレイ時間も、少しずつですが減少していくことが見込まれます。[10] 根本的な解決のようには見えないため、家族にとってもこの方法が正しいのか、役に立っているか、と疑問に思われることも想定されますが、日進月歩の気持ちで根気強く続けることが求められます。

今後の問題解決の基盤としてのコミュニケーション

最後に、そもそも本人の行動変容を促すための関わりには、コミュニケーションを媒介する必要がある、という理由もあります。制限というアプローチを行う場合であっても、必ずコミュニケーションを経て実施することになります。どのような対処を行うにしても、本人とのコミュニケーションを十分に行う、ということは不可欠な要素になります。そのため、親子間で落ち着いて冷静にコミュニケーションをとり、意見交換が家庭内で定着していくことこそ、すべての対処方法の基盤になります。

〈10〉思春期青年期では、自分自身が心地よくなることよりも、自分を通じて他者が心地よくなることを好む傾向もあります。したがって、単純に本人をほめるというよりも、親自身が「楽しい」「うれしい」「助かる」といった言葉かけの方が、コミュニケーションを促進しやすい場合もあります。

具体的な代替行動

ここでは、厳密な意味では保護者が行う代替行動（行動変容）技法というよりは、ゆくゆくは保護者が本人の代替行動の獲得をサポートできるような、新しいコミュニケーション方法を確立すること、と言う方が正しいかもしれません。

適切な賞賛

最も重要な関わり方の一つは、よく言われるようなことではありますが、やはり本人のできていることを褒めたりねぎらったりという、適切な賞賛です。なぜなら、ゲームは一日のうちの長時間を占めることが多く、他の活動が相対的に少なくなるため、見ている方は「ゲームばっかりして！」という気持ちになりやすく、知らず知らずのうちに叱責や苦言が多くなってしまいがちです。また、「宿題はやったの?」など、ゲームのせいで宿題ができていないかのような発言も、ゲームを肯定する子どもの反発を引き起こすことになります。そのようになると、本人の中で「親との会話＝いやなもの」という結びつきが生まれ、会話を避けようとするでしょう。したがって、親との会話をいやなものばかりにしないようにしなければなりません。ゲームの時間が長くなり、そこに目を奪われてしまうと、子どもが「当たり前のように」行っている他の活動が目に入らなくなりがちです。もしかしたら、ゲームをやる時間を削って、食事の後は食器を整えているかもしれませんし、お風呂に入ったり、歯を磨いたりしているかもしれません。できて当たり前の行動のように見えますが、これらの行動はゲームのプレイ行動と拮抗する行動であり、この活動があることでゲームに没頭する時間を相対的に減らして、社会性が維持されています。これは、賞賛に値することではないでしょうか。そんなときに私たちは、「ありがとう手伝ってくれて」「きれいにしてくれて助かる」など、何気ない賞賛を届けることができます。ゲームに関する問題がある本人には、賞賛される機会がほとんどなくなっていたりもします。長時間のゲームは悪いことである、という暗黙のメッセージを受け取ったり、自分の好きなゲームを否定されたり、学校に行かないことで先生から叱咤激励されたりすることは増える一方、生活の中で賞賛される機会はじわじわと減少していきます。そんなときにゲームをプレイして、オンライン上の他のゲーム仲間からゲーム内のチャットで「ゲームすごくうまいね」「一緒にやると面白いね」などと言われたら、どうでしょうか。このような言葉かけをされる機会のない子どもにとっては、ゲームの方に時間を割くようになるのは、当たり前のことだと筆者は思います。

ゲームの持つ「ポジティブな部分」を利用する

ゲームの場合、コミュニケーション行動として、「一緒にプレイする」という選択肢が生まれます。これは、ゲームだからこそできるコミュニケーション方法の一つでもあります。実際に、表11－2においても、ゲームに親しみを持って子どもと一緒にゲームをする、というものがあります。保護者が一緒になってゲームをする、ということは、ゲームを否定していないというメッセージにもなります。事例のような状況になると、周囲からの否定や口論をたくさん経験するようになり、他者とコミュニケーションをとることとネガティブな気持ちになることがつながってしまうことで、余計にコミュニケーションから遠ざかるということが生じます。さらに、一緒にゲームをすることで、本人が没頭しているゲームの特徴、問題につながりやすいゲームのやり方（複数アカウントがある、など）がわかれば、たとえばゲームを制限する際にも、具体的にどのようなゲームのやり方を制限し、どのようなゲームのやり方はよしとする、ということも話し合いやすくなります。一緒にゲームをすることのハードルが高ければ、プレイしている様子を見せてもらうのでもよいでしょうし、プレイしているゲームがどのようなものか教えてもらうことから始めてもよいでしょう。実際にカウンセリングの中で保護者にこのような方法を伝えると、「えー怒られる気がします」「わざとらしくないでしょうか」などと言う人もいますが、子どもからは良い意味で予想外の反応が返ってくることが多い印象があります。筆者が関わる事例の中でも、「最初は恐る恐る子どもにゲームの話題を振りましたが、意外といろいろと話してくれました」「週に一度は子どもとゲームをする時間をつくることができ、子どももゲーム上で私（親）に頼られるということが気に入っているようで、自分から誘ってくれることもありました」というような話を聞いたことがあります。まずは、「親との会話＝いやなもの」とならないように、またはそのつながりを解消するために、ゲームのポジティブな力を借りて、その楽しさと保護者の存在をくっつけることで、「親との会話＝楽しいもの」に置き換えることが大きな目標の一つになるでしょう。実際に、夜な夜なゲームをしている子どもたちは、特定のゲームクリアをした後に、その反省会を明け方まで行っている事例もあります。ゲームについてああでもないこうでもないと話すことは子どもにとっては楽しいことです。それを、家族との中で、寝る前までの団欒でやれば、それは不適切なことではないと思いますし、たとえばそれをブログなどに記録していくなどすれば、より社会的にも適切な行動に見えてきます。

コミュニケーションが促進され始めた後は……

上記のようなやりとりの末、事例では、ゲームを続ける、または続けなければならない理由として、「友達に頼られているから、常に練習しておかなければならない」ということが話されました。「人から頼られること」が、ゲームをプレイする原動力となっていたようです。これを踏まえて、保護者が本人を頼る、またはお願いするということを、まずはゲームの時間を圧迫しない範囲で、生活の中で取り入れてもらうようにお願いしました。たとえば、スマホの使い方に関することや、電化製品の買い物についてきてもらうなどということから始めました。これによって、「頼られることに対して少しでもお腹を満たす」ことで、ゲームに対する原動力を和らげることと、本人にとって好ましい形でコミュニケーションを拡大することを目指しました。もちろん、ゲームの中で頼られることに比べれば、親から頼られることは子どもにとってはメリットではないかもしれません。場合によっては、子どもはただ手伝わされているくらいにしか思っていないかもしれません。しかし、そのうちに、保護者がスマホを触っていると本人の方から声をかけてくる、というやりとりが増え、少しずつではあるもののゲームの時間が減少し始めました。また、平日に友人宅に遊びに行くことや、友人を誘って一緒にゲームをすることも推奨しました。子どもが学校に行っていないとき、保護者は自由に遊びに行くことを制限しがちではありますが、ゲームを通じて「友人と対面=楽しいもの」とする機会や、頼られなくとも友人とコミュニケーションがとれるという経験を増やすという意味では、社会生活に復帰する上で大切な時間ともなります。オンライン上で顔の見えない相手から頼られるのではなく、同じゲームをしているとしても、リアルな友人に頼られるという経験に置き換えることがとても大事です。最終的には、ゲームに費やす時間は相変わらず長いながらも、本人が家族と過ごす時間が増え、毎日ではないものの友人に誘われて学校に通う日が増え、カウンセリングは終了しました[11]。「相変わらずゲームはやるし学校も休んだりだらしなくてまだまだ心配ですけど、笑っている顔が毎日見られるようになったことと、普通に話せるようになったこと、それが何よりうれしいです」と保護者も落ち着いた様子で話されました。

まとめ

本章では、ゲームに関する問題について、家族（保護者と子ども）の関わりを中心に考えていきました。本章で取り上げた内容は、解決までにそれなりの時間を要する対応方法でもあります。そういった意味では、強制的にゲームを取り上げて、強制的に学校に行かせて……という対応が効果的に思えるかもしれません。実際にそれでうまくいく事例もないとは言えません。ただその方法は、誰にとって効果的なのでしょうか。おそらく、支援者にとっては「最も簡単」な方法でしょう。本人との関わりは、支援者は一瞬、保護者は一生です。強い制限で見た目上解決した場合、もしかしたら本人は強い制限を受けたことを、長く心に留め続けるかもしれませんが、支援者は解決したがために、本人の前からはフェードアウトしていきます。その後の保護者と本人との関係はどうなるでしょうか。

ゲームに関する問題は比較的若年で始まるため、さまざまな学校行事、進学、就職など

(11) これは「ハーム・リダクション」の考え方であるとも言えます。

といった変化の多いこの時期にゲームに没頭することで、保護者が大変心配に思うことは容易に想像できます。一方、若年であるということは、これからも保護者は本人と長く関わっていくということでもあります。ゲームそのものの問題にとらわれすぎることなく、保護者はコミュニケーションのとり方の工夫を心がけつつ、本人の置かれている状況を詳しく理解することから始めることが重要です。また本章では、保護者の関わり方の中で、保護者が「ゲームばっかりして」というようにマイナスな面ばかりに注目しがちであることを述べましたが、同じことは支援者にも言えることです。支援者も、保護者の効果的ではない関わり方に目を奪われて、それを問題として認識してしまいがちですが、ほとんどの場合、保護者は子どもの健康をはじめ、幸せを強く願っています。そのための方法がたまたまうまくいっていないだけであり、保護者に問題があるわけでは決してありません。制限も叱責も、根底には子どもへの愛情があるものです[12]。この点を忘れることなく、支援者は毎日本人と関わる保護者に敬意を持って、保護者の気持ちをしっかりと汲み取り、関わっていくことが大切です。

〈12〉日本の例ではありませんが「スマホ18の約束」という、親が子どもにスマホを買い与えるときに約束した内容が一時期話題になりました。契約のようで厳しく見える部分もありながら、親の愛情に溢れた内容になっています。統一的な翻訳はありませんが、Ｗｅｂ上のさまざまな場所で閲覧することが可能ですので関心のある方は検索してみてください。

第12章
子どもの困った行動への対応

筆者はこれまで、児童精神科や児童デイサービスの現場でたくさんの子どもたちとその保護者に関わる機会に恵まれてきました。そこに訪れる子どもたちが抱える問題というのは、発達障害や不登校、ネット・ゲーム依存や暴力などとさまざまです。しかし、悩みを抱え支援を必要としているのは、子どもたちだけではありません。家事や仕事をこなしながら限られた時間で病院やデイサービスに足を運び、少しでも子どもが過ごしやすいように、少しでも将来の子どもの困りが軽くなるようにと一生懸命になっている保護者にたくさん出会ってきました。そんな保護者の中には、子育てに疲れ切り、自信を失い、クタクタになっている人も少なくありません。「子どもの相談に乗ってくれる場所はたくさんあるのに、私たち保護者のつらさや苦しみを聞いて助けてくれる場所って、どうしてこんなに少ないのでしょうね」というのは、筆者が関わったある保護者の言葉です。この言葉は、子どもに関わるすべての支援者が胸にとめ置くべき大切な問題提起だと思っています。私たちは、子どもにとって最も身近で大切なサポーターである保護者の支援を抜きにして、子どもの支援を語ることはできません。

保護者は、子どもを育てていく中で具体的にどのような悩みやつらさを抱えているのでしょうか。児童精神科を受診する子どもを持つ保護者からは、「自分の子育ての仕方に自信が持てない」「子どものやる気をどうすれば引き出せるのかがわからない」「子どもの気持ちをどうすれば落ち着かせられるのかがわからない」「物事の上手な教え方がわからない」など、子どもへの関わり方や物事の教え方という部分での不安が多く報告されます。[1] こうした不安は、いかに保護者が具体的でしかも実践可能な子育てについての正確な知識を強く求めているかを示すものとなっています。

効果的な子育ての方法がどのようなものかについては、これまでも多くの調査や研究が行われてきました。そうした研究の成果は多くの子育て支援プログラムを生み出し、日本国内でもPCIT[2]やCARE[3]、Triple P[4]といったプログラムが普及しつつあります。これらのプログラムに共通しているのは、子どもと保護者の間に緊張が走る叱責的・指示的な養育スキルに代えて、子どもと保護者の関係性が温かなものとなる肯定的な養育スキルを身につけることを重視しているという点です。この章では、それぞれの関わり方の問題点や効

〈1〉上河邉ら（2016）

〈2〉Parent-Child Interaction Therapy (PCIT-JAPAN, online)

〈3〉Child-Adult Relationship Enhancement（一般社団法人CARE-Japan, online）

〈4〉Triple P 前向き子育てプログラム（特定非営利活動法人 Triple P Japan, online）

果について触れつつ、保護者の関わり方を叱責的・指示的なものから肯定的なものへと置き換えていく方法の一例を、事例を通して示していきたいと思います。次に示す事例は架空のものですが、筆者がこれまで関わってきたたくさんの保護者のリアルな悩みや反応を随所に織り交ぜたものになっています。ぜひ、皆さんも一緒にこの保護者の支援に携わっているような気持ちで、あるいは自分がこの保護者と同じ立場に置かれたと思って読み進めていただければうれしく思います。

子どもの暴力や癇癪に悩む保護者

❖ 事例15「エミさんの場合」

エミさんは、6歳と3歳の2人の男の子を育てる30歳代後半の女性です。同居する夫は会社員として働いていますが、エミさんも家計を助けるためにパートタイムで週に2日ほどスーパーでレジ打ちをしていました。夫は子育てに対して協力的ではあるものの、仕事が忙しく帰りも遅いので、子どもたちの世話は、週末以外のほとんどの時間をエミさん一人で担っているという状態です。エミさんの6歳の長男は、医療機関で自閉スペクトラ

事例15【概要】

相談者	オガワ エミさん（仮名）
年齢／性別	37歳／女性
職業	パートタイマー
家族構成	夫（40歳・会社員）、長男（6歳・自閉スペクトラム症）、次男（3歳）
病歴	過去にうつの診断あり。現在は病状も回復し通院はしていない。
主訴	自分の思い通りにならないことがあると癇癪を起したり母親へ暴力や暴言を向けたりする6歳の長男への関わり方に悩んでいる。優しく穏やかになだめようと努力するものの効果がなく、だんだんと苛立って強く叱りつけたり脅したりすることで無理矢理言うことを聞かせている。子どもに対してこんな関わり方をしている自分自身がいやになる。夫は仕事が忙しく協力はあまり期待できない。また、子どもを叱っている姿を見た夫に「厳しくしすぎではないか」「あまり大きな声を出さないでほしい」と言われることもあり、ひどく孤立した気持ちになる。

ム症と診断を受けています。また、エミさん自身も過去にうつの診断を受けて治療を受けた経験を持っていました。エミさんは、６歳の長男の暴力や癇癪への対応に困り果て、自分だけではとても対応しきれないとクタクタになっていました。そんなエミさんの様子に気づいた長男の主治医が、保護者であるエミさんへカウンセリングを勧め、筆者との面談が始まることになりました。

　エミさんとの最初の面談では、エミさんの子育てについての困りごとを聴き取るところから始まりました。エミさんが一番に頭を悩ませているのは、やはり6歳の長男の暴力や癇癪でした。欲しいものを買ってもらえない、行きたくない場所へ行かなければならないなど、自分の思い通りにいかないことがあると癇癪を起こすそうです。エミさんは、そんな長男の気持ちを落ち着かせようと穏やかに声をかけ続けるものの、大半はうまくいかなかったようです。そうなると、はじめは穏やかに関わることのできていたエミさんもだんだんと苛立つようになり、最後には叱ったり脅しを使ったりして無理矢理言うことを聞かせるしかなくなるとのことでした。[5] エミさんは、「私も子どもを叱ったり脅したりせずに優しいお母さんでいたいのですけれど、どうしようもなくって……」と力なく笑うのでした。そこで筆者は、エミさんのこれまでの努力を心からねぎらい、これまでの子育てについてありのままを話してくれたことについて感謝を伝えました。そうして、エミさんが叱ったり脅したりする子育て法に代わる新しいスキルを身につけられるようにサポートすること

〈5〉中島ら（2012）が行った研究では、発達障害の子どもを持つ保護者は、そうではない子どもを持つ保護者に比べて、肯定的働きかけが少なく叱責が多いという結果になりました。その理由について、発達障害の子どもを持つ保護者のストレスの高さが、子どもへの肯定的な働きかけを難しくしているのではないかと考察しています。

を約束し、次回の面談へつなげることにしました。

親子の緊張を高める減らしたい関わり

初回の面談でエミさんが問題を感じているように、叱ったり脅したりする子育て法には実際に多くのデメリットがあります。まず、子どもに対する叱責は、子どもの言動に対する批判とイコールであることが少なくありません。「走ってはいけません」「うるさくしてはいけません」「わがまま言ってはいけません」など、こうした発言はどれも子どもに対してノーをつきつけるものであり、子どもの自尊心を損なう可能性があります。子どもに対する批判は親子の関係を悪化させ、言うことを聞いてもらいにくい関係性を生み出してしまいます。

また、こうした発言にはもう一つ問題があります。それは、「○○してはいけない」という言い回しは、子どもにすべきでないことを教えることはできても、行うべき正しい行動を教えることはできないという点です。「走ってはいけない」と叱責する大人は、大抵の場合は子どもに歩くことを期待しています。その場合は、子どもには「歩いてください」と伝える方が、批判を避けつつ言うことを聞いてもらえる可能性も高められるでしょう。[6]

さらに、私たちがふだん何気なく行う質問も、時に批判や命令としての機能を持つ場合

〈6〉良い命令の出し方については、加茂（2020）をご

があります。たとえば、気温が高く汗ばむような暑さの日に、子どもが長袖を着て出かけようとしていたとします。そんな子どもの様子を見ると、もしかすると「こんな暑い日に長袖を着ていくつもり?」と、質問したくなるかもしれません。しかしこの言葉は、こんな暑い日に長袖を着るなんてとんでもないという批判的なニュアンスとして伝わってしまう可能性があることを覚えておく必要があります。また、「そろそろ勉強した方がいいと思わない?」といった質問は、「そろそろ勉強しなさい」という命令として用いられていることがほとんどです。もしも子どもが、「まだしなくても大丈夫だよ」などと答えたとしても、その答えが尊重されることというのは、そう多くはないはずです。そして私たちは、質問そのものに、「私の質問に答えなさい」という命令の機能が備わっていることも理解しておく必要があります。

　こうして二度目の面談では、エミさんに批判や命令、質問といった声かけを減らすことの大切さを伝え、[7] エミさんがそうした関わりを減らしたいと考えているのは素晴らしいことだと伝えました。そう伝えるとエミさんは照れくさそうに笑いましたが、同時に「質問にまで注意しなければならないとは驚きです。子どもと会話するために質問は欠かせないと思っていたので、これからどうやって子どもに関わればいいのでしょう……」と、少し戸惑った気持ちも話してくれました。

覧下さい。ただし、命令にはリスクがあります。命令をされると、子どもは言うことを聞くかどうかの選択を迫られることになり、緊張が生まれます。もしも子どもが命令に従わなかったときには、保護者もまた不満を抱き、叱責や脅しといった関わりにつながりやすくなります。命令は、本当に必要なときに最小限の場面で使用するべきです。

〈7〉実際に保護者に説明を行う場合には、一方的に支援者が話し続けることがないようにします。ふだんどんな指示の出し方をしているか、質問が親子の間に緊張を生じさせるのはなぜだと思うかなど、随所で保護者の理解度や考えを確かめるようにします。

親子の関係を温かくする増やしたい関わり

エミさんの感じる疑問はもっともなものです。親子の自然な会話を注意深く聞いていると、保護者が非常に多くの質問を用いていることに気がつくはずです。多くの保護者は、質問は、子どもとのコミュニケーションを円滑にするとても有益な方法だと感じています。そのため、質問を減らすことが重要だと聞くと、子どもとの会話が成り立たないかのような不安を抱きます。しかし、これから紹介する関わり方を身につけることで、そうした不安を抱く必要がなかったことに多くの保護者はすぐに気がつきます。[8]

はじめに身につけてほしいのは、お子さんを「具体的に褒める」関わりです。こう聞いたエミさんは、「他の子育て本にも同じことが書いてありましたし、テレビで専門家の方も同じことを言っていました。頭ではわかっていても難しいですね」と、バツが悪そうに笑いました。そして、「褒めることが大切なのはわかっているのですが、褒めるところを見つけられなくて」と、つけ加えてくれました。筆者は、エミさんがよく勉強していること、勉強したことを当てはめて子どもの褒められるところを探そうと努力していることについて褒めました。そしてエミさんに、ふだん当たり前と思っていることであっても、子どもがとった望ましい行動は何でも褒めることができると伝えました。たとえば、朝起きてきち

〈8〉筆者は、同じ親子の会話の様子を録画した二つのビデオを見比べたことがあります。質問や命令の多い保護者のふだんの様子を録画したものと、これから取り上げる肯定的な関わり方を保護者が身につけた後の動画です。後者のビデオでは、前者のビデオに比べて子どもの発語数がおよそ4倍にも増えていました。親子の会話を活性化する上で、質問はそれほど重要ではな

んと着替えたこと、「おはよう」と挨拶できたこと、椅子に正しい姿勢で座れたこと、おいしそうに朝ご飯を食べてくれたことなど、どのようなものでもです。このとき、大切にしたいポイントがあります。それは、褒め言葉をできる限り具体的な言い回しにすることです。多くの保護者は、ふだんから子どもを褒めることをよく意識しています。しかし、その褒め方について詳しく話を聞いていくと、「えらい」「いいね」「すごい」といった短い声かけで完結している場合が少なくありません。[9] こうした声かけには、親が自分の何を褒めてくれているのかが子どもには伝わりにくいという欠点があります。何がえらくて、何が良くて、何がかっこいいのかが、このままでは子どもに十分伝わりません。褒め言葉をかけるときには、「お母さんが声をかけたらすぐに起きてこられてえらいよ」「元気な声であいさつできるなんて、とってもいいね」「足を床につけてきちんと座れるなんて、とってもかっこいいよ」というように、保護者が子どものどんな行動を喜んでいるのかを具体的に伝える必要があります。その際、保護者の声のトーンや表情も重要な役割を果たします。いくら言葉では子どものことを褒めていても、声の調子が暗くて重たいものだったり表情が硬く怖いものになっていたりするなら、子どもは自分が褒められていると素直に受け取ることはできないでしょう。また、どのような褒め言葉を選択するかは子どもの個性や年齢に合わせて慎重に選ぶ必要があります。小さい子どもなら「かっこいい」「すごい」「えらいね」といった言葉でも喜んでくれるかもしれませんが、子どもが中学生や高校生ともな

いことを示す一つの実例です。

〈9〉もちろんこうした声かけも子どもを褒めていることに変わりはないので、悪いものではありません。

ればこうした言葉はかえって反発を招くこともあります。子どもが大きくなるにつれて、「ありがとう」「助かったよ」「うれしいよ」といった言葉を選択して子どもを褒めた方が自然で効果的なものになるでしょう。保護者が上手に子どもを褒められるようになることは、子どもの困った行動に対処する上でとても大切なことです。なぜなら、子どもの困った行動を減らしたいのなら、その行動とは反対の良い行動を褒めるという関わりがとても効果的だからです。これは、行動の直後に望ましい結果が伴うと、その直前の行動が再び発生しやすくなるという学習理論（オペラント条件づけ）に基づいた考え方です。[10] たとえば、走り回るという子どもの行動を減らしたければ、歩く行動が子どもに起きる回数を増やせばよいことになります。また、子どもの暴力や癇癪を減らしたければ、自分の気持ちを言葉にして伝える行動や優しく物を扱う行動が起きる回数を増やせばいいことになります。

次に増やしたい関わりは、子どもの「言葉を繰り返す」というものです。子どもが「今日はブロックで遊ぶんだよ」と言えば、保護者は「ブロックで遊ぶんだね」と繰り返します。子どもが、「今日は学校でいやなことがあったんだ」と話すなら、「いやなことがあったんだ……」と繰り返します。[11] 子どもの言葉を繰り返すことには、「あなたの話をきちんと聞いていますよ」「私はあなたの気持ちや考えを受け止めましたよ」というメッセージを伝えるという機能があります。

最後に紹介するのは、子どもの行動の「実況中継」です。こう聞いたエミさんは、不思

〈10〉この点については、応用行動分析について記した書籍が参考になるでしょう。たとえば、山口（2010）などがあげられます。

〈11〉特に二つ目の例でありがちなのは、「どんないやなことがあったの？」「誰かにいじめられたの？」と質問攻めにする対応です。しかし、こうなると子どもに

議そうな顔をしました。子どもへの関わり方としては聞きなれない方法なので、エミさんのような反応をする保護者は少なくありません。この方法は、まるでラジオのスポーツ中継の実況者のように、子どもの行動を言葉にして説明するというものです。たとえば、「○○君は、ブロックを高く積み上げています」「食べ終わった食器を下げてくれました」「机に向かって真剣に本を読んでいます」といった声かけができます。こうした声かけをすると、お子さんに「あなたの活動に私は関心を持っていますよ」「あなたの遊び方や取り組み方を私は受け入れていますよ」といったメッセージを伝えることができます。

「言葉を繰り返す」と「実況中継」には、子どもにとっては自分の言動の直後に保護者からの承認や注目が得られるという、うれしい体験になります。[12]「具体的に褒める」という関わりにはとても大きなパワーがありますが、子どもとの会話の中であまりに多くの褒め言葉を浴びせすぎるというのも不自然なものです。「言葉を繰り返す」や「実況中継」といった関わりもバランスよく取り入れることで、子どもとのやりとりを自然で温かみのあるものにできるのです。

子どもの困った行動への対処法

ここまでの話をうんうんと頷きながら聞き終えたエミさんは、「今まで自分の子どもへの

とっては、自分の心配事を話すための会話ではなく、大人の質問に答えさせられる時間になってしまいます。ですから、ここは質問したい気持ちを一旦ぐっと抑えて、子どもの言葉を繰り返すことから会話をスタートさせてみましょう。

〈12〉思春期以降の子どもになると、自分の言葉をそのまま繰り返されることについて不快感を覚える子どもが増えてきます。その場合、そのまま言葉を繰り返すよりも、意味を大きく変えない範囲で言い換えてみるとうまくいきます。

関わり方について、ここまで細かく考えたことはありませんでした。難しそうですが、やってみたいと思います」と力強く言葉にしてくれました。そして「ただ……」と切り出してから、「子どもが落ち着いているときにはこういう関わりも意識できそうですけれど、子どもが癇癪を起したり乱暴な言葉遣いだったり、やめてほしい行動をとっているときにはどうすればいいのでしょう?」と疑問を投げかけてくれました。エミさんは子どもの困った行動に悩んで相談に来ているのですから、そんな疑問を持つのももっともなことです。

筆者は、「良い質問ですね!」と応じてから、「選択的な無視」のスキルについて説明を始めました。この方法は、子どもが癇癪や暴言などの望ましくない行動を起こしたときには、それらの言動に注目を与えないというものです。困った行動に対して叱ることもなだめることもせず、保護者は視線をそらしたり身体の向きを変えたりして子どもへの注目を遮断します。そう聞くとエミさんは、「それって、子どもの良くない行動を許容していることにはなりませんか?」と尋ねました。これもまた保護者がよく抱く疑問です。筆者はエミさんの不安を和らげるように微笑みながら、「いいえ、むしろ逆なのですよ」と言って説明を続けました。エミさんには、この無視のスキルを学ぶ前に具体的に褒めることや子どもの行動を実況中継することなど、子どもの言動をエミさんが承認していることや喜んでいることを伝える方法を学んでもらいました。子どもの望ましくない言動を無視するという対応は、子どもにとっては保護者からのうれしい反応が得られないということです。保護者からの注目が得られなくなった子どもは、自分の言動は保護者に喜ばれていないということをすぐに理解するでしょう。子どもの困った行動への対処法を学ぶ前に、望ましい行動への関わり方を学ぶことは、こうした観点からとても大切なことです。では、いつまで無視を続ければよいのでしょう。それは、子どもの望ましい行動が観察できるまでです[13]。たとえば、癇癪を起こしていた子どもが騒ぐのをやめて母親の近くまで歩いてきたら、「静かに戻ってきてくれてありがとう」と、すかさず具体的に褒めます。子どもが「うるさいからあっちに行け！」と言いながら本を読んでいるなら、暴言には反応せずに「一生懸命本を読んでいてえらいと思うよ」と具体的に褒めることができます。このように、保護者が無視する行動と注目を与える行動を選択する関わりなので、「選択的な無視」という伝え方をしています[14]。とはいえ、この方法は保護者にとって簡単なものではありません。子どもからなかなか望ましい言動が出てこないと、途中で根負けしてしまいそうにもなるでしょう。子どもが公共の場で良くない言動を起こしている場合には、その難しさは一層高まります。この選択的な無視の取り組み方については、カウンセラーとの間で入念に練習を行っておいた方がよいでしょう。また、まずは家庭で上手に実践できるようになるまで、公共の場など難易度の高い場面では実践しないようにお願いすることもできます。

〈13〉こうした理由から、「無視は、子どもの望ましい行動を待つことと言い換えることができます。注目は与えないけれど、子どもにどこか褒められるところはないかと注意深く探す時間なのですよ」と保護者には伝えています。学習理論では消去という名前のついた手続きです。

〈14〉実際には、この部分で消去バーストと呼ばれる現象についての説明も行います。これは、子どもの困った行動に対して消去の手続きをとると、一時的に困った行動が悪化するという現象です。こうした経過をたどるのは自然なことで、むしろ無視の効果が出ている証拠であるということを事前に保護者に説明しておかないと、最後まで無視を続けられずに挫折してしまう原因になります。

エミさんが新しい関わり方を習得するまで

ここまでの一連の説明を終えてから（表12－1）、筆者はエミさんが学んだスキルを練習できるようにロールプレイを行いました。それから一つ、宿題をお願いしました。それは、次回の面談までの間、毎日5分間、学んだスキルを使って子どもと遊びや会話の時間を持つようにというものでした。一生懸命な保護者の中には、「たった5分でいいのでしょうか？　もう少しできそうな気がします」などと言われる方もありますが、ここで安易に宿題の時間を延ばさないように注意してください。今回保護者に伝えたスキルは、実際にやってみると保護者が思っている以上に大きな負担になるものです。宿題の時間が長くなりすぎると宿題の継続が難しくなり、保護者の挫折につながりやすくなります。まずは継続すること、そして保護者の子育てに対する自信を育てることが何よりも大切なので、5分という短い時間でも毎日続けることの方が大切です。また毎回、次の面談前日の子どもとのやりとりの様

表12-1　親子の関わりにおいて減らしたいスキルと増やしたいスキル

▶親子の緊張を高める減らしたい関わり

関わり方	減らす理由
批判	・子どもの自尊心を損う。 ・時に子どもへの注目となり、行動を悪化させる。 ・何がいけないかは教えられても、どうすべきかを教えられない。
命令	・言うことを聞かなかったときに、批判や脅しにつながりやすい。 ・子どもから、活動の主導権を奪うことになる。
質問	・「質問に答えなさい」という命令になる。 ・子どもから、会話の主導権を奪うことになる。

▶親子の関係を温かくする増やしたい関わり

関わり方	増やす理由
具体的に褒める	・大人が子どものどんな行動を喜んでいるかを、直接的に伝えられる。 ・褒められた行動は、増える。
言葉を繰り返す	・子どもの発言を承認したり理解したりしていることを示せる。
行動を実況中継する	・子どもの行動を承認し、注目していることを示せる。

子を、動画に撮影してくるようにお願いしました。実践の様子を動画に撮影してきてもらうと、保護者のスキルの定着度を正確に確認できます。はじめのうちは、具体的に褒めているつもりでも褒め言葉があいまいになっていること、うまく繰り返しているつもりでも語尾が上がって質問として機能してしまっていること、こうした関わりが多く観察されるものです。こうした小さな間違いは、早い段階で修正してしまった方がよいでしょう。ビデオを撮影してきてもらうと、実際のスキルの使い方を保護者と見直しながら振り返ることができるのでお勧めです。ただし、ビデオを振り返るときには、間違いの指摘や修正は最小限にとどめるべきです。基本的には、保護者が上手にスキルを使えている場面を多く取り上げて、そのことについてカウンセラーが具体的に褒めるようにしましょう。カウンセラーは、具体的に褒めるスキルの使い方のお手本を示すよう意識する必要があります。今回の一連の面談では、子どもとの5分間の関わりの中で減らしたい関わりの回数がそれぞれ0回、増やしたい関わりの回数がそれぞれ10回以上、ＥＣＢＩ強度スコア[15]が１２０点以下になることを目標としています。ＥＣＢＩの代わりに、保護者から事前に聞き取った子どもの困った行動の一覧を作成し、その頻度の変化を記録してもよいでしょう。

それ以降の面談では、筆者はエミさんと一緒に動画を見ながら学んだスキルについて具体的なフィードバックやアドバイスを行いました。保護者によっては宿題に十分取り組めないこともありますが、その場合には宿題の重要性を強調しつつも、より宿題に取り組み

〈15〉ＥＣＢＩ 子どもの行動評価尺度（Eyberg Child Behavior Inventory）は、子どもの行動上の問題と親の育児困難感を同時に評価することができる簡便な自己記入式評価尺度です。表12－2には強度スコア、つまり子どもの行動上の問題の頻度を示しています。得点が高いほど子どもの問題行動の頻度が高いことを示しています。

やすくするためにどんな工夫ができるかを話し合います。多くの場合、兄弟児への対応に気がとられていたり、子どもの登園・登校前のような慌ただしい時間帯を選択していたりという点が問題になります。こうした点について、宿題を実施しやすくするためのアイデアを保護者と出し合いながら丁寧に話し合いを進めていきます。たとえば、幼稚園のお迎えの直前や就寝時間の直前といった時間帯は避けた方がよいかもしれません。兄弟児がいる場合には、片方の子どもとの関わりが終わった後に、必ずもう片方の子どもとの関わりの時間もつくることを約束し、待っていてもらうことができるかもしれません。それが難しければ、兄弟児を他の家族に見ていてもらえないか相談してみてください。あるいは、兄弟児がお風呂に入っている時間や学校に行っている時間を活用するとよいかもしれません。兄弟児が近くにいると、保護者が片方の子どもを具体的に褒めたことに兄弟児が嫉妬して、自分の方がうまくできる、自分の方が良い子であると横やりを入れてくることが少なくありません。また、兄弟児がいると、保護者が選択的な無視を実践していても、兄弟児がもう片方の子どもの言動を無視しきれずに注目を与えてしまうこともあるでしょう。こうした理由から、宿題を行うときには兄弟児を分けて実践するようにとお願いしています。エミさんは、宿題への取り組みに難しさを感じたりくじけそうになったりしながらも練習を続け、学んだスキルを子どもとの関わりの中で着実に実践できるようになりました[16]。それに伴い、面談当初悩んでいた子どもの困った行動も目立たなくなったのです（表12－2）。

〈16〉スキルの使い方についてフィードバックする際には、基本的にはスキルの失敗について触れることよりもスキルをうまく使えている部分に注目するようにします。そうした点について支援者が具体的に褒めることによって、スキルの使い方のモデルを保護者に示します。

まとめ

すべての面談を終えたエミさんは，「まだまだうまくいかない部分もありますが，子どもへの関わり方にはっきりとした軸を持てたようで，少し自信を持てています。自分の関わりが変わることで子どもの様子にも変化が表れるので，このまま続けていこうという気持ちになれています」と語ってくれました。エミさんのこの言葉にも表れていますが，カウンセラーは，エミさんの子育てに対する不安を完全に取り除くことを目指してきたわけではありません。カウンセラーは，保護者が不安を抱えながらも子育てを続けていくことができるように，少しアイデアを提供したにすぎません。カウンセラーは，そのアイデアを具体的な行動に落とし込めるようにサポートこそしますが，実際に行動に移したのは保護者自身です。「自分にもできた」「自分が関わりを変えたら子どもが変わった」というその体験が，保護者の力になります。

エミさんに限らず多くの保護者は，子育てという絶対の正解のない選択を日々繰り返しながら歩んでいます。私たち支援者は，そんな保護者にとってのナビゲーションシステムのような存在になりたいと思います。目的地にたどり着くまでの

表12-2　5分間の親子の関わりにおけるエミさんの各スキルの実行回数とECBI強度スコアの変遷

		Pre	1週目	2週目	3週目	4週目	5週目	6週目	7週目	Post
増やしたい関わり	具体的に褒める	1	3	7	11	17	17	17	15	23
	繰り返す	8	9	16	7	8	23	16	13	17
	実況中継	2	8	19	11	19	10	9	13	20
減らしたい関わり	批判	1	0	0	0	1	0	1	0	0
	質問	15	6	6	1	0	0	3	0	0
	命令	3	2	3	0	1	2	0	0	0
子どもの困った行動	ECBI強度スコア	135	132	125	123	111	109	102	94	87

道は一つではないけれど、最も安全で、最も効果的と思われる道筋を示すことが必要です。時には、保護者にとっても支援者にとっても想像もしない出来事が起こり、はじめに予定していたルートがたどれなくなることもあるでしょう。それでもナビゲーションシステムは、道案内を放棄したりはしません。すぐに新しいルートを探索し、保護者にその道筋を示します。実際に車を運転して目的地に向かっていくのは保護者自身ですが、私たち支援者は、その歩みを最後まで見守り、無事に目的地まで送り届ける存在でありたいと思います。この本を手にとってくださった方が、一人でも多くそのような支援者になってくれるなら、とてもうれしく思います。そして、今まさに子育てで悩んでいる保護者の力となりますように。

第13章 精神疾患患者を抱える家族の間に起こるコミュニケーション不全

精神疾患患者の支援においては、本人ではなく家族や関係者が困難を抱えて相談に訪れることがあります。初回面接において「放っておいてください」と取りつく島もない当事者と、それを見て深いため息をつく家族というのは臨床場面ではしばしば見られる光景ですし、「（強引に病院や相談機関に連れてくる）家族に困っている」と当事者から訴えられるようなこともあります。家族だけが来談し、家庭の中で起こっている様々な問題を涙ながらに話すこともあります。精神疾患は家族と当事者のコミュニケーションに決定的な亀裂を生むことがあり、それが当事者の治療の拒否につながることもあります。

当事者と家族の関係性が疾患の予後に影響することについては読者の皆さんもご存じでしょう。強迫症患者を対象にした研究において、家族を批判的または敵対的であると認識している患者ほど重度の症状を示す可能性が高いといった報告[1]や、家族の感情表出の高さ(expressed emotion)[2]が統合失調症患者を不安定にさせるといった報告[3]など、様々な研究から家族の行動や気分が当事者だけでなく家族のメンタルヘルスの問題に影響を与えることが示されています。ここで大切なことは、精神疾患患者はもちろんのこと、当事者を支える家族もまた困りごとを抱えているということです。家族への支援は支援を行う家族の負担を減らすだけでなく当事者の健康を高めることにもつながるという事実[4]です。では、そういった状況で困っている家族に対して、私たちはどのように支援していくことができるのでしょうか。ここでは、強迫症を持つ娘に巻き込まれて苦しんでいる家族に対する支援を通して、家族が当事者と行うコミュニケーションに対する支援について「コミュニケーション行動」の視点から考えていきたいと思います。

❖ 事例16「強迫症の娘を持つ家族の場合」

初回面接には夫婦二人で来談しました。長女はもともと身体が弱く小学生までは病気がちでしたが、成長するにつれてそうした傾向は解消されていきました。大学卒業後、一般企業に事務職として就職、就労先には同世代の同僚がおらず孤立しがちでした。上司が鼻をほじっている姿や、大きい声で話すときに唾液が飛び散る様子を見かけてから、職場での汚れが気になるようになってしまい、書類やコンピュータを触ることに嫌悪感を抱き、除

〈1〉Van Noppen & Steketee (2009)

〈2〉家族が患者に対して行う感情表出（批判的なコメント、敵意、感情的な過干渉など）を指します。患者の家庭環境を示す指標として用いられています。感情表出の高い傾向を高ＥＥと呼び、統合失調症や社交不安症の予後を悪化させる要因として知られています。評価指標としてはカンバウェル家族面接という半構造化面接が用いられます。

〈3〉Domínguez-Martínez et al. (2017)

〈4〉Jonker (2006)

菌ティッシュでキーボードや机周りを頻回に拭くようになりました。新型コロナウイルス感染症の流行以降、ますますいろんな汚れが目につくようになっていき、公衆トイレの使用や、ドアノブを触ることができなくなり、外出も滅多にしなくなりました。心療内科を受診したところ強迫症と診断され、服薬治療を行うこととなりました。就労が困難となったため、半年前に離職に至りました。離職前は、家族の手洗い・消毒を監視し、物を床に置くことを禁止していましたが、現在では家族に対して帰宅時の手足の消毒、室内でのマスクの着用も要求するようになりました。特に成人男性の汚れが気になるようで、父親であるアキラさんに対しては、トイレ使用後に床とトイレの座面の除菌を求めるようになりました。父親の飛沫も気になると訴えるため、アキラさんは現在キッチンで歯磨き、洗顔をしています。アキラさんは「汚れの中でも特に私の汚れが気になるようで、自室に引きこもっていることを気にして話しかけたところ、飛沫が飛ぶと大泣きされて大変な目にあった。家でもマスクをするようになってから少しマシになったが、マスクの中でも咳をすると泣かれることがある」「どうしていいのかわからないし、家に居場所がない」と訴えました。母親であるカナさんに対しては、巻き込みがひどく「私に対する監視が特に厳しく、帰宅後にシャワーを浴びさせられて、最後に頭の臭いを嗅がれてチェックされる」「もともとママっ子で、私にべったりだった。自分でも巻き込んでいる自覚があるようで、時折夜中に泣き出して私の部屋に来るときがある。そのときは泣いてごめんなさいと言う。か

事例16【概要】

相談者	カナさん（母親）アキラさん（父親）
家族構成	長女（23歳・強迫症で通院中）、長男（14歳）
主訴	長女が強迫症（不潔恐怖）を患っているが、家族がそれに巻き込まれてしまう。帰宅後の手洗い・消毒を監視される、夜中の知らない間に家中を除菌される、トイレ・風呂の後に汚れがついていないか確認を求められる。このままでは生活が立ち行かなくなるが、どう対応していいのかわからない。

わいそうで見ていられない。私たちが何とかしてあげないと」[5]「弟に対してだけは、なるべく巻き込ませないように、私の在宅時はできるだけ私に注意が向くように、ほぼつきっきりで娘の相手をしている。そのおかげか弟に対しての巻き込みは比較的少なくて、本人も下の子に対しては我慢するようにしているみたいです」と話します。アキラさんは「娘が病気であることについてはある程度理解しているつもりだが、家族はもう限界です。特に最近は妻に対して娘がいろいろ言っているところを見ると『いい加減にしないか！』と強く言ってしまって……」[6]と言います。しかし、続けてカナさんからは「でも、それでかえって言い争いになってしまったり、夫と関わることを極力避けるようになってしまっていて、娘と夫とはまともな交流がなくなってしまっているんです」と少しうんざりした表情で続けます。

事例の解説

この事例は、典型的な巻き込み型強迫症[7]と言ってよいでしょう。家族（特に母親）は強迫症を患う長女の強迫観念に対応するため、頻回の手洗いやマスクの着用、帰宅時に行うシャワーといった普段は行わない行為を行わざるを得なくなっています。父親は長女の強迫症状と嫌悪から距離をとろうとした結果、自宅で過ごすことが困難になっていますし、時には長女との間で言い争いを起こしてしまっています。母親が指摘しているように、夫が

〈5〉巻き込みにつき合う家族は疲弊しながらも、巻き込まれることで患者が一時的な安定につながることを理解していることが多いです。そういった家族の状況に配慮せず、具体的な対応策がない状態で、単純に「巻き込まれるのはやめましょう」とだけ伝えることは、かえって問題を大きくすることにつながります。

〈6〉このような行動が高EEの典型的な例です。

〈7〉巻き込み型強迫症の特徴は、自らの強迫観念や強迫行為に身近な人を巻き込んでいくという特徴を持ちます。強迫観念に対して安心できるような保証を求めたり、手洗いなどの行為を他人にも求めたりします。相手がそれに応じないと感情的になってしまうことから、家族も患者の言うことに従ってしまいます。巻き込み型の代表的な例と

自分のためを思って長女の巻き込みに介入しようとすることは、残念ながら問題改善にはつながっていないようで、かえって家族の間に深刻な対立・コミュニケーション不全を生み出しているように見えます。

アセスメントと問題の焦点化

クライエントは誰？

このように悲痛な家族からの訴えを聞くと、「どうすれば長女の巻き込みから母親を守ることができるだろうか」や「父親の長女への介入をどうすれば抑えることができるだろうか」など、長女の強迫症を中心に問題を考えてしまいがちではないでしょうか？ 確かに、長女の強迫症はやっかいな問題ですし、症状が改善すれば両親が抱える問題も改善する可能性は高いと思われます。しかし、今この場に相談に来ているのは長女ではなく両親であるということを忘れないでください。[8] こういった事例の場合、当事者がようやく治療を受けようとしたときには、その家族が途方に暮れた状態となっていることが珍しくありません。[9] 母親は長女の強迫症状につき合うことに疲れ切っていますし、父親は母親と長女のやりとりを見ることに嫌気がさしています。[10] そして、このような状態が長く続いていることで抑うつ的になっていたり無力感にさいなまれていることも考えられます。先の初回面接

して次の三つがあります。
・保証の要求
たとえば手洗いや鍵の確認などがちゃんとできたかが不安になり、「大丈夫」という保証を家族に繰り返し求めること
・強迫行為（ルール）の強要
手洗いや入浴などの一連の洗浄行為（自分のルール）などを、家族にも従うよう強要すること（例：帰宅時、家に入るための一連の手順）
・強迫行為の代行
自分の代わりに、寝る前の鍵の確認などの儀式的行為を家族にさせること（本人の監視下で行われることが多い）

〈8〉片親のみが来ている場合、クライエントは来談している方の親になります。今回のような面接の経過とは異なってくるでしょう。

〈9〉ブラジルで行われた研究では、精神疾患を持つ家族をサポートしている人のう

で語られた問題の中心には「長女」が置かれていましたが、実際に問題を抱えているのは「私（カナさんとアキラさん）」であることにあらためて注目してもらう必要があります。

この事例においては、本来ともに長女の病気の治療に取り組む存在であるはずの母親と父親が、強迫症状への対応をめぐって対立する関係になっていることに注目してください。父親の行動は妻と長女のためを思っての関わりであるのにもかかわらず、母親にとっては、夫が行う介入は困った問題として認識されてしまっています。一方で、父親も指摘していますが、母親自身が長女の訴えに巻き込まれることは、一時的には長女の不安や焦燥を低減させてくれるかもしれませんが、強迫症の維持・悪化要因としても機能していると考えられます。つまり、どちらも長女の強迫症状に対して効果的な支援ができているわけではなく、互いに相手が長女に対して行っていることの問題点に焦点が当たっています。[11] ここで、セラピストは向いていた焦点を一旦外して、いまこの場にいる人（この事例では母親と父親）の相互作用に焦点を当てることで「相談に来ている自分たちこそがクライエントである」ことに気づいてもらおうとします。「長女をどうにかしたい」のは誰なのか？　現状が変化したときに「良かった」と感じるのは誰なのか？　支援においては、まず主役となるクライエントを明確にすることが大切です。

事例の面接の中で行われた逐語の一部を掲載します。この中でセラピストがクライエントと問題を明確化していくプロセスに注目してください。

ち、半数以上がストレスを感じていると報告しています (Santos & Cardoso, 2015)。

〈10〉患者の巻き込みと家族のうつ病に関連があるという報告があります (Amir et al., 2000)。

〈11〉特に関係性の問題を扱う場合は、登場人物全員が自分の枠組みで考えていること、また、しばしばそのことに無自覚になっていることを支援者は意識しておく必要があります。また、注意したいのは支援者がそのような枠組みのどちらかに加担してしまうことです。今回の事例の場合は、父親に加担すると「母親のとっている行動は長女の症状を

父親 娘が私のことを汚いと思って避けていることはわかっています。でも、私だって自分の家で病気とはいえ娘にあんな態度をとられ続けたらつらいですよ。それに、何より娘につき合う妻がかわいそうで。毎日大変な目にあってるんです。とにかく、娘の要求を止めないことには家族が崩壊してしまいます。だから私なりにできることをと考えて……。

セラピスト アキラさんにとっては、娘さんに振り回されてしんどくなっている奥さんを見ていられない。奥さんはもう限界だと感じているわけなのですね。そして、強い言葉で娘さんに関わるのは、娘さんの巻き込みを止めて奥さんを楽にさせたいと思ってのことなんですね。[12]

父親 そうです。私なりに妻のことを考えてやってはいるんですが……。

セラピスト アキラさんなりに奥さんのことを考えてやっていると……。

母親 ……でも、結局それで娘が調子を悪くしているので……。正直あんまりありがたいとは思えないです……。

セラピスト 旦那さんの娘さんへの働きかけについて、ありがたいとは思えなくなってしまっている。[13]

母親 ……はい。私のことを考えてくれているっていうのはわかっているんです。でも、今までも同じことの繰り返しだったし……。私にとっては、お願いだから刺激しないでって

悪化させている」となり、その行動に介入するというストーリーになります。かたや母親に加担すると「父親の行っている介入はかえって予後を悪化させることがわかっている」となり、これまたその行動に介入するというストーリーになります。しかし、それでは夫婦の対立関係には何ら変化はなく、かえって対立が激化してしまう可能性もあります。しかし、先にもあげたようにそれぞれの行っていることには肯定的な側面があります。それを意識して好循環を生むような枠組みを新たにつくり出すことを目指すとよいでしょう。

〈12〉先の父親の発言の中から、肯定的な発言を選び取って反応しています。

〈13〉「ありがたいとは思えない」ことを強調することによって母親からフォローが入るのを期待しています。

いう感じで……。

父親　でも、それを言うならあいつ（長女）の訴えに従うことだって何の役にも立ってないし、医者からも『あまり巻き込まれないようにしてください』って何度も言われてるじゃないか。

セラピスト　なるほど。カナさんとアキラさんの間で、娘さんへの対応をめぐってなかなか協力関係がうまくいかなくなっているようですね。カナさんの大変な様子を見て何とかしたいと思うアキラさんの気持ちもよくわかります。しかし、カナさんにとっては、気持ちはともかく、今アキラさんがやっていることについては、ちょっと受け入れがたいと思っている。大変な問題を抱えている娘さんをご夫婦で協力して支えていくための体制がつくれなくなってしまっているようですね。[14]カナさんは、旦那さんに対してもっとこういうふうにやってほしいとか、こう協力してほしいといったご希望みたいなことを伝えることができていますか？

面接内容の逐語から、当初は「長女が引き起こす巻き込み症状」に当たっていた焦点が「家族のコミュニケーションの問題」に移っていった様子が見てとれると思います。それまでは夫婦にとって、この面接のクライエントはこの場にはいない「長女」でした。しかし、面接が進む中で、自分たち夫婦が「長女の問題」へのアプローチの仕方の違いに困ってい

〈14〉長女の強迫症状の問題から、問題解決に夫婦で取り組むことができなくなっていることに主訴が変わりました。

ることに気づき、自分たちも支援を受けるべき対象であると受け入れることができました。その結果、「長女の問題をどうすれば抑えることができるか」という困りごとは、「どうすれば自分たち家族がより良い関係になれるか」という、自分たちを主語にした訴えへと変化することになりました。

「これまで」と「今」についてのアセスメント

クライエントと取り扱うべき問題が定まったら、問題の「今」と「これまで」に分けてアセスメントを行っていきます。「今」についてのアセスメントでは、問題を第三者からも観察可能な行動レベルで操作的に定義し、過剰なのか不足しているのかを検討していきます。たとえば、今回の事例では、母親は手洗いをする回数、長女の話を聞く回数や時間などが過剰になっているのに対して、自分のために過ごす時間や父親との会話回数・時間などが少なくなってしまっています。[15] 父親の方は、長女に意見を言う回数が多くなっているのに対して、病気のことに限らず長女と冷静に会話する回数や時間はほとんどありません。また、母親と父親の間でも、長女に対する対応について意見をすり合わせたり協力したりするような(本来は問題解決として当たり前の)行動はほとんど起きていませんでした。過剰であるということは、その行動がこれまで強化されてきた(あるいは今も強化されている)ことを、不足であるということは、その行動が弱化されてきた(あるいは今も弱化さ

〈15〉こういったアセスメントは、面接中に印象を確認した上で具体的なホームワークとして行うようにすることで、正確に記録することができるようになります。ただし、ホームワークのハードルを上げると実施率が低下するので、まずは正確性は下げても実施率を上げるようにするのがよいと思います。有益だと感じると報告の正確性も増していきます。

れている）ことを示唆しています。[16] そこで、どのようなメカニズムでその行動の過不足が維持されているのかを、それぞれの行動ごとに、きっかけになっている先行刺激と結果事象の確認をしながら三項随伴性のモデルに落とし込んで明らかにしていきましょう。家族など登場人物が複数いる場合、問題とされる行動は鎖のようにつながった関係者間の相互作用によって維持されていることが多いです。その行動をとっているのは誰か、主語を忘れないようにして、繰り返されている相互作用のパターンをしっかりと把握できるように心がけます。再び今回の事例に目を向けると、長女が母親に訴えかけている様子を見て、父親の長女への叱責が引き起こされています。父親からの叱責は一時的に母親への巻き込み行動を低下させますが、後に長女が泣きながら母親に訴え続けることにつながっています。母親は、このとき長女に優しく接しますが、そうすることによって長女の混乱を防いでいると考えています（図13－1）。このように、関係者間で問題となる行動がどのように維持されているのかを確認することによって、「今」をアセスメントしていきます。

一方で、「これまで」についてのアセスメントでは、その問題がどのような問題で、どのくらいの期間、どういった状況で起こっているのか、またどのように発展してきたのかについて確認をします。多くの場合、問題はある日突然起こったわけではなく、徐々に大きく、重大になってきています。また、ある時期には穏やかになっていたことや、行われた介入が効果的であった時期があるかもしれません。問題が、ある行動の過剰によって特徴

〈16〉こういった「強化歴」に注目することは、後の「これまで」に注目することにつながります。

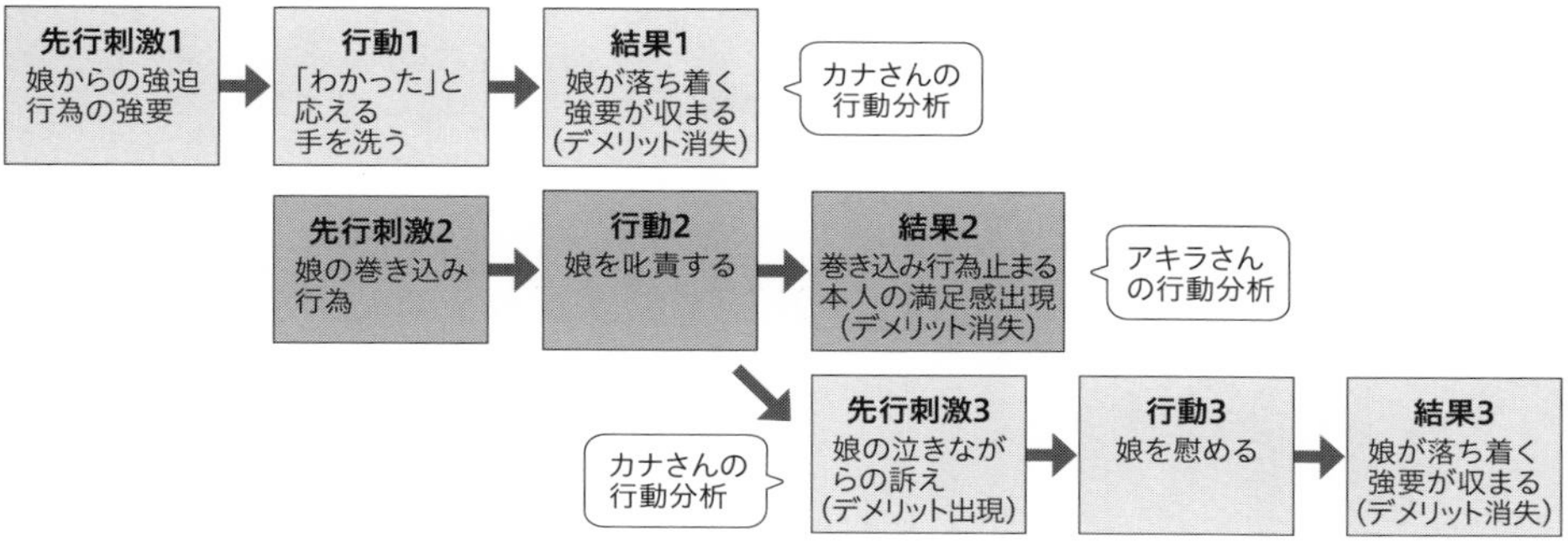

図13-1　アキラさんとカナさんのコミュニケーション行動の分析

づけられるときには、その行動には強化されてきた歴史[17]がありますし、ある行動が不足している場合には、その行動が強化されなかったか、弱化されてきた可能性があります。それらがどのような経過をたどっていったかについて確認することは、問題の持つ「機能」を明らかにすることにもつながり、代替行動を確立させる上での重要な情報となります。特に多くの場合、家族は当事者にとって最も身近にいて随伴性に影響を与える「環境[18]」となっています。先にも述べたように、多くの場合、家族は家族なりに当事者への問題について対処してきた歴史があります。そういった家族が行ってきた努力を尊重しながら、現在の問題がどのような経過をたどっていったかを共有する[19]ことはセラピーを進めていく上で非常に重要です。問題が悪化していった経過を知ることは、こちら側がやってはいけないこと、解決に結びつかないことについてあらかじめ情報を得ることができますし、問題が穏やかになっていた

〈17〉「認知行動療法は過去を取り扱わない（重視しない）」等という意見をしばしば耳にしますが、これは明確な誤解です。特に、問題の経緯を尋ねることはクライエントのニーズ、これまで行われてきた対応法とその成果、クライエントのリソース、家族の関係性などたくさんの情報を一気に知ることができる貴重な機会となります。

〈18〉他者の行動も含め、非常に多くのものが「環境」という言葉に含まれます。

〈19〉ここで支援者は批判的にならずに傾聴することが大切です。

時期の様子や効果的であった支援の例を知ることは利用可能なリソースを見つけることにもつながります。

機能的なコミュニケーション行動を拡大する

アセスメントを行いながら家族間や家族と当事者間で行われていた問題となるコミュニケーション行動の実態や機能を共有できたところで、代替となる機能的なコミュニケーション行動の拡大を目指して支援を行っていきます。この事例では、先に夫婦間でポジティブなコミュニケーション行動がとれていないことに焦点が当たりました。このままこのコミュニケーション行動が続けば、長女との関係だけではなく、母親と父親の関係も悪化の一途をたどっていきそうです。セラピストとしては、母親と父親の間に協働的な関係が構築されるような支援を考える必要があるでしょう。機能的・協働的なコミュニケーションを成立させるためには、①肯定的に接する、②「私」を主語にする、③相手の意見や立場を尊重する、④責任を共有する、という四つのポイントが重要になります。この四つのポイントを意識しながらその後の面接経過を見てください。

セラピスト　カナさんは旦那さんに対してもっとこういうふうにやってほしいとか、こう協力してほしいといったご希望みたいなことを、伝えることができていますか？

母親 いえ……できていないと思います。

セラピスト できていないと……。

母親 だって、見たらわかるじゃないって思って。先生（主治医）から言われていることもわかってはいるんです。私がやったからってそれで病気が良くなるわけじゃないし、かえって悪くなることがあるって。でも、娘にそれを言って収まることはないですし、現に夫が厳しく言ったらその後は部屋に閉じこもって……。後で、大爆発を起こして……夫だってそれを知っている。だけど、それを収めるのは結局私なんです。下の子（長男）も難しい時期ですし……できるだけ家族に悪い影響を与えないようにって思ったら、今は娘を刺激しないことの方が大切かなって……。

セラピスト なるほど、伝えなくても今までのパターンを見ているからわかるだろうと。これは重要な指摘ですね。お医者さんから言われたこともわかっているけれど、カナさんとしてはアキラさんが今やっていることはうまくいってないと。それよりも家族のことを考えると今はあまり刺激させない方がよいのではないかと思われているんですね。

母親 はい。私にとっては家族に一番負担がかからないのは、私が娘の言うことを聞いてあげることなんだって……。

父親 でも、おまえがもう限界になってきているじゃないか。

セラピスト　よくわかりました。アキラさんは娘さんのことを心配していないわけではないけれど、カナさんの現状の方がより心配で何とかしたいと考えている。一方で、カナさんにとっては娘さんも含んだ家族を守るためには自分が娘さんの症状につき合って刺激しないのが一番効果が高いと感じている。カナさんもアキラさんもご家族を良くしたいという意味では目的は同じなわけですね。私の考えをお話ししてもよいでしょうか？……結論から言うと、どっちのやり方にも意味はあると思います。アキラさんのおっしゃるように、カナさんが巻き込まれないよう工夫することで娘さんの問題にアプローチしていくこともできますし、カナさんがおっしゃるように、娘さんをあまり刺激させずにやる関わり方もある。どちらの方法にも勝算はあると思いますが、一方でデメリットもある。それぞれご自身がお話しされた方法のメリットとデメリット[20]、どんなものがあると思われますか？

父親　私の方は、直接的に問題が改善するっていうのがありますね。巻き込みがなくなったらそもそも家族の困りごともかなり減りますから。デメリットは……さっき妻が言った通り、かえって爆発してしまうということでしょうか。それはこれまでも繰り返されていました。

セラピスト　爆発したとき、どう対応されてましたか？

父親　私が何かしてもかえってひどくなるので……基本的には妻に任せていました。

〈20〉自身がこだわる解決策に対して少し精神的に距離を置いて評価できるようになることを目的に、メリット・デメリット分析を行っています。

セラピスト それで娘さんとの関係がだんだん悪化してしまった……。
父親 ああ、それもデメリットになりますね。
セラピスト カナさんの方はどうですか？
母親 私の方ですか……、デメリットは娘の訴えがどんどんエスカレートしていってしまうことです。確かに私自身、娘の訴えに疲れてうんざりしてるところはあります。メリットは、大爆発を防げることだと思います[21]。大爆発してしまうと、本当にしばらくの間かかりっきりになっちゃうので……。息子のことを考えてもそれは避けたいんです。
父親 確かに、ずっとかかりっきりになってしまうのはその通りだな……。
母親 でも、そういうときってあなた、残っていた家事とかを終わらせてくれてたりするのよね……。

逐語から確認できるように、「長女の巻き込み症状への対処」という話題の中で、当初は来談者それぞれの発言の中心が、相手が行っている対応の問題点を指摘することでしたが、相手の対応の良い点や自身のやり方の問題点にも注目できるようになり、ポジティブなコミュニケーション行動が増加していくことになりました。このようにコミュニケーション行動を対立的なものから協働的なものに切り替え拡大していくことは、クライエントの視点がより問題解決的な方向に向かっていくことにつながります。相手を糾弾することには、

〈21〉このように、強迫行為を手伝うことに明確なメリットのある場合があります。

不満感の緩和・解消などが強化子として機能しがちです。しかし、こういった行動は問題解決には結びつきません。そこで相手を糾弾することよりも、相手と協働的に関わる方に手応えを感じることができるようになれば、代替行動は社会的強化子[22]によって維持されていくことになるでしょう。

そういった行動変容を促すために、セラピストはどのように働きかければよいでしょう。逐語からわかるように、セラピストはどちら側の意見にも肩入れしないように注意しています。双方の話を傾聴して要約し、明確にしたいところに質問を挟みながら、各々のとっている行動の背景にある認知（思い込みやルールなど）の言語化を促すことで、各々が持っていた「長女へ働きかける」行動の目的を明らかにしつつ、不足していた「対話をする」という行動へと誘っています。母親にとっての「長女の要求に応える」も、父親にとっての「長女を叱責する」も、長女だけではなく家族のための働きかけであるという側面がありました。この「家族のために働きかける」部分を、お互いに向けたコミュニケーション行動の強化に置き換えていったわけです。父親は長女を叱責することが妻のためになると信じて行動していましたが、母親はそれを止めてほしいと思いながらも夫に対して明確に伝えてはいませんでした。つまり双方ともに長女への行動をもって相手に自分の意図をわかってもらおうとしていたのです。当然このような間接的なコミュニケーションは伝わりづらいですし、誤解も生みやすくなります。セラピストは、それをセラピー場面において

〈22〉街中に設置されたピアノで演奏をしても、金銭的な報酬などをもらえることはありません。それでもそういったところで演奏をするのは、自分の演奏に注目してくれる人や拍手をしてくれる人がいるからです。このように他者からの注目や賞賛のことを社会的強化子と呼びます。社会的注目は多くの場面で有効な汎用的強化子であると言われています。

直接的なコミュニケーション行動（すなわち直接的な対話）に移行させる機能的なコミュニケーションへと変容していったわけです[23]。

「相手を責める」行動と「相手と協力する」行動を両立させることが難しいというのは、読者の皆さんにも理解していただけると思います。このように問題行動と並び立たない別の行動を強化することを、非両立行動分化強化と言います。問題となっている行動と両立しない行動を見つけることは一見難しいことのように感じるかもしれません。ついつい問題点を指摘したり新しい行動を提案しようとしたりしてしまいがちです。しかし、代替行動はできるだけその人がすでに行っている行動を利用することが効果的です。先にあげた逐語の中では、相手に発話する行動はそのままに、発言の中身を変容させることによって機能的なコミュニケーションの成立へとつながっています。発話によるコミュニケーションがほとんどなくなっている関係の場合には今回のようなやり方ではなく、クライエントがコミュニケーションをとっている手段を用いて行うことになるでしょう。

般化を促す

面接の中で夫婦間のコミュニケーション行動が適応的なものに変化していくことが確認できたら、そこで何が起こっていたのかを検討・分析することを通して、般化を促してい

〈23〉もちろん、これも単純に直接的になればよいというわけではありません。夫婦や家族の関係性によって展開は変わってくる可能性があります。

きます。[24] 今回の事例の場合、当事者である長女への対応の仕方については、今までのやりとりでは全く検討されていません。しかし、ここまでのやりとりの中で母親と父親は機能的なコミュニケーションとは何かについて理解を深めてきていることから、長女との間でも同様に機能的なコミュニケーションを行うためにはどうすればよいか検討する準備ができてきています。そこで、クライエント自身の面接の体験をモデルに利用して、当事者を含めた家族間で機能的コミュニケーション行動が増加・拡大していくように支援を行います。そうして、夫婦間で互いのコミュニケーションを変えることができたように、長女とのコミュニケーションを変えることができれば、これまでとは異なった関わりになる可能性が出てきます。

たとえば、父親の長女への発言が「気になって苦しいのだろうということはわかるが、おまえの不安に対処して苦しい思いをしているお母さんを見るのはとてもつらい。我慢するのは大変だろうけど、お母さんにやらせるのではなく別の対処法はないだろうか？　お父さんにできることはあるだろうか？」というふうに変わったとします。長女からは「何もない」という返事が返ってくるかもしれませんが、それだけでもこれまでの衝突とは異なるコミュニケーションが始まっていると言えます。このように、夫婦間で効果的であったコミュニケーションを当事者とのコミュニケーションにも応用していくことで、当事者との間にも機能的なコミュニケーションが成立するように働きかけることができます。

〈24〉リバースエンジニアリングの考え方を参考にしています。リバースエンジニアリングとは、工学の分野では、他社の開発した製品やソフトウエアを分解または解析することにより、そのアイデアなどを抜き出して自社製品に利用する作業のことを言います。どういうときにうまくいっているかを検証することは、それだけで会話を解決的な志向に向けてくれます。

もっとも、こういったコミュニケーション・スキルへの介入が短時間で効果を生み出すとは限りません（なかなか効果が出ないこともよくあります）。また、これらのスキルは家族にとっては我慢を要するものでもあり、簡単なことではありません。しかし、簡単ではないからこそ当事者以外の家族が機能的なコミュニケーションをとれるようになっていることが重要になります。家族間で互いの努力や働きかけを認め、強化し合っていくことが重要です。また、「正しい対応」にこだわりすぎないことも大切です[25]。理屈に合った「正しい対応」ではなく、伝わったコミュニケーション、変化した働きかけこそがより良い対応であることを忘れず、家族自身も自分の変化を積極的に受け入れることができれば、当事者に伝わる、より効果的なコミュニケーション・スキルが自然に身につくことになるでしょう。セラピストには、家族の積極的な関わりや変化を見落とさずに強化していくことが求められます。そのためにも、セラピストもまた家族と目標を共有し、目標に向かって問題解決的に関わっていくことが求められます。つまり、セラピスト・支援者がロールモデルとなり家族に機能的なコミュニケーションを体験・習得してもらうことになるわけです。支援者・セラピスト自身が家族にとって伝わりやすいコミュニケーションのあり方を見つけて関わっていく。その体験を通して、家族が当事者に伝わりやすいコミュニケーションを使えるようになっていく。そうして、当事者との関係が改善していく。精神疾患患者の家族に対する支援は、このような入れ子構造として記述することができるのかもしれません。

〈25〉今回の事例の場合、父親が行っていたような「病気の治療としては正しい」対応がこれに当たります。他にも、当事者に対して「外に出なさい」と言ったり「働きなさい」と言ったりすることなどもこれに当たるでしょう。これらのことは目標や「やるべきこと」としては正しいですが、現在の当事者の状態から見て、妥当なものとなっているでしょうか。そうでなければ、これらの言葉がけは役に立たないものになってしまいます。これはセラピストがクライエントに働きかける際も同様です。

編集後記

筆者が初めて代替行動という言葉に出会ったのは大学生のときに受けた望月昭先生の応用行動分析学という講義でした。一見複雑そうな人間をはじめとする動物の行動について、これほどまでシンプルに理解することができるのか、ということに非常に感銘を受けたことを覚えています。その後、さまざまな問題に直面する人を支援するために代替行動のアイデアを含む心理療法である、行動療法に強い関心を持ち、大学院に進学して坂野雄二先生のもとでより深く学びました。偉大な先生方から教わることで人の行動というものをよく理解した気になった筆者は、自分が人の役に立てるようになったと信じ、代替行動を含むさまざまなアイデアをクライエントに必死に伝えていたように思います。それはもしかしたら、一方通行の訴えであったかもしれません。当時のそんな筆者がどの程度クライエントの役に立てていたかということは、本書をお読みくださった皆様には容易に想像がつくと思います。

本書の各章で述べられてきた通り、代替行動というアイデアそのものは非常にシンプルです。しかしながら、さまざまな問題に直面している人が「行動を変える」ことは、まったく容易ではありません。「困っているなら行動を変えればいい」という考え方自体は、支援者の学びの賜物でも何でもなく、ごくごく当たり前のことです。皆さんが身近な人から「最近寝れないんだよね」と言われたら、また、子どもから、「学校でいじわるされる」と言われたら、どのようにアドバイスするでしょうか？　おそらく、「運動してみたら」「相手や先生に言ってみたら」といった、代替行動を提案するアドバイスが真っ先に浮かぶのではないでしょうか。困ったときには行動を変える。これは私たちにとって当たり前すぎるほどの考え方です。にもかかわらず、人がさまざまな問題に直面して苦しくなってしまうのは、一見当たり前のことが実は非常に難しいことであるからです。

代替行動について、具体的にどのような態度で、どのような工夫を用いてクライエントを支援するのかということは、あまり活字にされていません。このような工夫は、ワークショップや学会の講演などといったところで、ぽろっと話される程度にとどまっているように筆者は感じていました。さまざまな相談場面において支援者は、クライエントを取り巻く状況やその悩みの特異性に応じて、試行錯誤をしています。そのような、経験豊かな支援者が隠し持っていることをオープンにして、活字として著し、他の支援者にも届けたい（むしろ編者が知りたい）、ということから本書の構想が始まりました。

そのような背景から生まれた本書は、さまざまな相談場面における支援者の取り組みについて、いかにしてクライエントとともに話し合い、その生活や直面している問題、状況に合わせた代替行動を取り入れていくかを、丁寧に、かつリアルにまとめたものになりました。各章を執筆してくださった先生方には、独自の工夫や、時には葛藤も含めて、臨床場面の実際を振り返りながら活字にしていただきました。しかしながら、本書はそこでの工夫をまとめるものであり、各章はあくまで一支援者の一事例にすぎません。さまざまな工夫は、あくまで引き出しの一つとして、状況に応じて出し入れされるものです。読者の皆様におかれましては、ぜひ、一字一句をこの通りに、というよりも、こんなやり方や考え方があるのだな、という引き出しの一つとして心に留めていただき、お役立ていただけると幸いです。

本書の刊行にあたって、編者らの細かい指摘や要望、さらには厳しいスケジュールの中で執筆いただいた先生方に心より感謝申し上げます。また、北大路書房の若森乾也様には大変きめ細やかに、かつ的確な修正をいただき、学術書と読み物の間のような書物として整えていただきました。深く感謝申し上げます。

最後に、本書に登場する事例は架空のものですが、すべての事例は各章の執筆者がかつて一緒に解決に向けて取り組んだ多くのクライエントや、それに関わる関係者とのやりとりが思い起こされる中でつくり上げられた事例であると推察します。そのような多くのヒントを与えてくださった皆様にもこの場を借りて深く感謝申し上げます。

編者を代表して　入江智也

令和4年3月

索　引

文　献

少し長い「はじめに」

Alberto, P. A., & Troutman, A. C.（1998）. *Applied behavior analysis for teachers*（5th ed.）. Prentice Hall.（佐久間　徹・谷　晋二・大野裕史（訳）（2004）．はじめての応用行動分析 日本語版 第2版　二瓶社）

Deitz, D. E., & Repp, A. C.（1983）. Reducing behavior through reinforcement. *Exceptional Education Quarterly*, *3*（4）, 34–46.

Drucker, P. F.（2002）. *Managing in the next society*. Routledge.（上田惇生（訳）（2002）．ネクスト・ソサエティ―歴史が見たことのない未来がはじまる―　ダイヤモンド社）

McWilliams, N.（1999）. *Psychoanalytic case formulation*. Guilford Press.（成田善弘（監訳）（2006）．ケースの見方・考え方―精神分析的ケースフォーミュレーション―　創元社）

Miltenberger, R. G.（2001）. *Behavior modification: Principles and procedures*（2nd ed.）. Wadsworth/ Thomson Learning.（園山繁樹・野呂文行・渡部匡隆・大石幸二（訳）（2006）．行動変容法入門　二瓶社）

佐治守夫・岡村達也・保坂　亨（2007）．カウンセリングを学ぶ 第2版―理論・体験・実習―　東京大学出版社

VandenBos, G. R.（2007）. *APA dictionary of psychology*. American Psychological Association.（繁桝算男・四本裕子（監訳）（2013）．APA心理学大辞典　培風館）

第1章

American Academy of Sleep Medicine（2014）. *International classification of sleep disorders — third edition*（ICSD-3）. Darien, IL: American Academy of Sleep Medicine.（日本睡眠学会診断分類委員会（訳）（2018）．睡眠障害国際分類第3版　ライフ・サイエンス）

American Psychiatric Association（2013）. *Diagnostic and statistical manual of mental disorders*（5th ed.）. Arlington, VA: American Psychiatric Association.（高橋三郎・大野　裕（監訳）（2014）．DSM-5　精神疾患の診断・統計マニュアル　医学書院）

Barion Ana, Z. P.（2007）. A clinical approach to circadian rhythm sleep disorders. *Sleep Medicine*, *8*, 566–577. doi: 10.1016/j.sleep.2006.11.017.A

Bass, J., & Takahashi, J. S.（2010）. Circadian integration of metabolism and energetics. *Science*, *330*, 1349–1354. doi: 10.1126/science.1195027

Carney, C. E., Buysse, D. J., Ancoli-Israel, S., Edinger, J. D., Krystal, A. D., Lichstein, K. L., & Morin, C. M.（2012）. The consensus sleep diary: Standardizing prospective sleep self-monitoring. *Sleep*, *35*, 287–302. doi: 10.5665/sleep.1642

Crowley, S. J., & Carskadon, M. A.（2010）. Modifications to weekend recovery sleep delay circadian phase in older adolescents. *Chronobiology International*, *27*, 1469–1492. doi: 10.3109/07420528.2010.503293

Fernandez-Mendoza, J., Calhoun, S. L., Bixler, E. O., Karataraki, M., Liao, D., Vela-Bueno, A., Jose Ramos-Platon, M., Sauder, K. A., Basta, M., & Vgontzas, A. N.（2011）. Sleep misperception and chronic insomnia in the general population: Role of objective sleep duration and psychological profiles. *Psychosomatic Medicine*, *73*, 88–97. doi: 10.1097/PSY.0b013e3181fe365a

Hale, L., & Guan, S.（2015）. Screen time and sleep among school-aged children and adolescents: A

systematic literature review. *Sleep Medicine Review*, *21*, 50–58. doi: 10.1016/j.smrv.2014.07.007

Islam, Z., Hu, H., Akter, S., Kuwahara, K., Kochi, T., Eguchi, M., Kurotani, K., Nanri, A., Kabe, I., & Mizoue, T.（2020）. Social jetlag is associated with an increased likelihood of having depressive symptoms among the Japanese working population: The Furukawa nutrition and health study. *Sleep*, *43*, 1–7. doi: 10.1093/sleep/zsz204

Kaplan, K. A., Mashash, M., Williams, R., Batchelder, H., Starr-Glass, L., & Zeitzer, J. M.（2019）. Effect of light flashes vs sham therapy during sleep with adjunct cognitive behavioral therapy on sleep quality among adolescents: A randomized clinical trial. *JAMA Network Open*, *2*（9）, e1911944. doi: 10.1001/jamanetworkopen.2019.11944

Komada, Y., Breugelmans, R., Drake, C. L., Nakajima, S., Tamura, N., Tanaka, H., Inoue, S., & Inoue, Y.（2016）. Social jetlag affects subjective daytime sleepiness in school-aged children and adolescents: A study using the Japanese version of the Pediatric Daytime Sleepiness Scale（PDSS-J）. *Chronobiology International*, *33*, 1311–1319. doi: 10.1080/07420528.2016.1213739

Moss, T. G., Carney, C. E., Haynes, P., & Harris, A. L.（2015）. Is daily routine important for sleep? An investigation of social rhythms in a clinical insomnia population. *Chronobiology International*, *32*, 92–102. doi: 10.3109/07420528.2014.956361

中島　俊（2021）．動機づけ面接で患者の意欲を引き出す　週刊医学界新聞, *3408*.

Roffwarg, H. P.（1979）. Diagnostic classification of sleep and arousal disorders. *Sleep*, *2*, 1–154. doi: 10.1016/0306-4522（81）90202-5

田中春仁・中島　俊・梶田梨加・斎木孝佳・野中泉美・伊藤理沙・川嶋宏行（2014）．概日リズム障害に対する診断横断的認知行動療法　睡眠医療, *8*, 411–417.

Taylor, A., Wright, H. R., & Lack, L. C.（2008）. Sleeping-in on the weekend delays circadian phase and increases sleepiness the following week. *Sleep and Biological Rhythms*, *6*, 172–179. doi: 10.1111/j.1479-8425.2008.00356.x

第２章

American Psychiatric Association（2013）. *Diagnostic and statistical manual of mental disorders*（5th ed.）. Arlington, VA: American Psychiatric Association.（高橋三郎・大野　裕（監訳）（2014）．DSM-5　精神疾患の診断・統計マニュアル　医学書院）

Basco, M. R.（2015）. *The bipolar workbook: Tools for controlling your mood swings*（2nd ed.）. Guilford Press.（野村総一郎（訳）（2016）　バイポーラー〈双極性障害〉ワークブック―気分の変動をコントロールする方法―　第2版　星和書店）

Bond, K., & Anderson, I. M.（2015）. Psychoeducation for relapse prevention in bipolar disorder: A systematic review of efficacy in randomized controlled trials. *Bipolar Disorders*, *17*(4), 349–362.

Chiang, K., Tsai, J., Liu, D., Lin, C., Chiu, H., & Chou, K.（2017）. Efficacy of cognitive-behavioral therapy in patients with bipolar disorder: A meta-analysis of randomized controlled trials. *Plos One*, *12*（5）, e0176849. doi: 10.1371/journal.pone.0176849

Colom, F., & Vieta, E.（2006）. *Psychoeducation manual for bipolar disorder*. Cambridge University Press.（秋山　剛・尾崎紀夫（監訳）（2012）．双極性障害の心理教育マニュアル　医学書院）

Dodd, A., Lockwood, E., Mansell, W., & Palmier-Claus, J.（2019）. Emotion regulation strategies in bipolar disorder: A systematic and critical review. *Journal of Affective Disorders*, *246*, 262–284.

Frank, E., Kupfer, D. J., Thase, M. E., Mallinger, A. G., Swartz, H. A., Fagiolini, A. M., Grochocinski, V., Houck, P., Scott, J., Thompson, W., & Monk, T.（2005）. Two-year outcomes for interpersonal and social rhythm therapy in individuals with bipolar I disorder. *Archives of General Psychiatry*, *62*

(9), 996–1004. doi: 10.1001/archpsyc.62.9.996

Lam, D. H., Jones, S. H., & Hayward, P. (2010). *Cognitive therapy for bipolar disorder*. Wiley-Blackwell.（北川信樹・賀古勇輝（監訳）(2012). 双極性障害の認知行動療法　岩崎学術出版社）

Lam, D. H., Watkins, E. R., Hayward, P., Bright, J., Wright, K., Kerr, N., Parr-Davis, G., & Sham, P. (2003). A randomized controlled study of cognitive therapy for relapse prevention for bipolar affective disorder: Outcome of the first year. *Archives of General Psychiatry, 60*(2), 145–152. doi: 10.1001/archpsyc.60.2.145

Mansell, W., Morrison, A. P., Reid, G., Lowens, I., & Tai, S. (2007). The interpretation of, and responses to, changes in internal states: An integrative cognitive model of mood swings and bipolar disorders. *Behavioural and Cognitive Psychotherapy, 35*, 515–539.

日本うつ病学会（2020). 日本うつ病学会治療ガイドライン　Ⅰ.双極性障害　https://www.secretariat.ne.jp/jsmd/iinkai/katsudou/data/guideline_sokyoku2020.pdf

日本うつ病学会（2021). 資料　https://www.secretariat.ne.jp/jsmd/ippan/shiryo.html（2021年4月8日閲覧）

White, R. C., & Preston, J. D. (2009). *Bipolar 101: A practical guide to identifying triggers, managing medications, coping with symptoms, and more*. New Harbinger Publications Inc.（佐々木　淳（監訳）(2016). 双極性障害のための認知行動療法ポケットガイド　金剛出版）

Xuan, R., Li, X., Qiao, Y., Guo, Q., Liu, X., Deng, W., Hu, Q., Wang, K., & Zhang, L. (2020). Mindfulness-based cognitive therapy for bipolar disorder: A systematic review and meta-analysis. *Psychiatry Research, 290*, 113116. doi: 10.1016/j.psychres.2020.113116.

第3章

Eccleston, C., & Crombez, G. (2007). Worry and chronic pain: A misdirected problem solving model. *Pain, 132*, 233–236.

Vlaeyen, J. W., & Linton, S. J. (2000). Fear-avoidance and its consequences in chronic musculoskeletal pain: A state of the art. *Pain, 85*, 317–332.

第4章

Langham, E., Thorne, H., Browne, M., Donaldson, P., Rose, J., & Rockloff, M. (2015). Understanding gambling related harm: A proposed definition, conceptual frame work and taxonomy of harms. *BMC Public Health, 16*, 80.

松本俊彦（2019). ハーム・リダクションの理念とわが国における可能性と課題　精神神経学雑誌, *121*(12), 914–925.

第5章

American Psychiatric Association (2013). *Diagnostic and statistical manual of mental disorders* (5th ed.). Arlington, VA: American Psychiatric Association.（高橋三郎・大野　裕（監訳）(2014). DSM-5　精神疾患の診断・統計マニュアル　医学書院）

Capuzzi, D., & Stauffer, M. D. (2016). *Foundations of addictions counseling*. Boston, MA: Pearson.

厚生労働省（2021). 第2期アルコール健康障害対策推進基本計画について　https://www.mhlw.go.jp/stf/newpage_17566.html（2021年12月29日閲覧）

内閣府政府広報室（2016). 「アルコール依存症に対する意識に関する世論調査」の概要　https://survey.gov-online.go.jp/hutai/h28/h28-alcoholg.pdf（2021年12月29日閲覧）

Santa Ana, E. J., Martino, S., Ball, S. A., Nich, C., Frankforter, T. L., & Carroll, K. M. (2008). What is usual about "treatment-as-usual"? Data from two multisite effectiveness trials. *Journal of Substance*

Abuse Treatment, *35*(4), 369–379.
Shishido, H., Gaher, R. M., & Simons, J. S. (2013). I don't know how I feel, therefore I act: Alexithymia, urgency, and alcohol problems. *Addictive Behaviors*, *38*(4), 2014–2017.

第6章

Fiore, M. C., Jaén, C. R., Baker, T. B. et al. (2008). *Treating tobacco use and dependence: 2008 Update.* Clinical practice guideline. Rockville, MD: U.S. Department of Health and Human Services. Public Health Service.　https://www.ncbi.nlm.nih.gov/books/NBK63943(2021年8月24日閲覧)
原田隆之（2014）．認知行動療法・禁煙ワークブック―Re-Freshプログラム―　金剛出版
磯村　毅（2015）．リセット禁煙のすすめ　東京六法出版
加濃正人（2015）．禁煙の動機づけ面接法―今日からできるミニマム禁煙医療―　中和印刷
川井治之（2017）．頑張らずにスッパリやめられる禁煙　サンマーク出版
厚生労働省（2020）．令和元年度「国民健康・栄養調査」の結果　https://www.mhlw.go.jp/stf/newpage_14156.html(2021年4月15日閲覧)
Miller, W. R., & Rollnick, S. (2012). *Motivational interviewing: Helping people change* (3rd ed.). Guilford Press.（原井宏明（監訳）(2019)．動機づけ面接〈第3版〉（上下巻）　星和書店）
満石　寿（2016）．生活習慣病予防と禁煙　健康心理学研究, *28*, 135–141.
中村正和（2018）．喫煙者の治療―禁煙保険治療の現状と展望―　医学のあゆみ, *265*(10), 847–853.
日本循環器学会・日本肺癌学会・日本癌学会・日本呼吸器学会（2021）．禁煙治療のための標準手順書　第8版　http://j-circ.or.jp/kinen/anti_smoke_std/pdf/anti_smoke_std_rev8_.pdf（2021年4月15日閲覧）
日本禁煙学会（online）．全国禁煙外来・禁煙クリニック一覧―禁煙治療に保険が使える医療機関情報最新版―　http://www.nosmoke55.jp/nicotine/clinic.html(2021年8月24日閲覧)
Nutt, D., King, L. A., Saulsbury, W., & Blakemore, C. (2007). Development of a rational scale to assess the harm of drugs of potential misuse. *Lancet*, *369*, 1047–1053.
瀬在　泉・宗像恒次（2007）．青年期の喫煙行動と否定的な自己イメージスクリプトとの関連　思春期学, *25*(4), 445–454.
瀬在　泉・宗像恒次（2012）．青年期の喫煙・禁煙行動と自己イメージスクリプト及びストレス気質との関連―喫煙者への量的調査及び介入面接調査からの一考察―　ヘルスカウンセリング学会年報, *18*, 49–59.
田淵貴大（2019）．新型タバコの本当のリスク―アイコス，グロー，プルーム・テックの科学―　内外出版社
田淵貴大・中村正和（2015）．健康格差是正の観点からのたばこ対策　https://www.jadecom.or.jp/overview/pdf/factsheet_f.pdf(2021年4月15日閲覧)
富田早苗・三徳和子・中嶋貴子（2016）．居宅の壮年期生活保護受給者の喫煙と健康行動の関連　禁煙学会誌, *11*(4), 114–120.
吉井千春・加濃正人・磯村　毅・国友史雄・相沢政明・原田　久・原田正平・川波由紀子・城戸優光（2006）．心理的ニコチン依存を評価する新しい質問票―加濃式社会的ニコチン依存度調査票（KTSND）―　産業医大誌, *28*(1), 45–55.

第7章

Andrews, D. A., & Bonta, J. (2003). *The psychology of criminal conduct* (3rd ed.). Cincinnati, OH: Anderson.

法務省法務総合研究所（2015）．平成27年版犯罪白書―性犯罪者の実態と再犯防止― 日経印刷

Mallion, J. S., Wood, J. L., & Mallion, A.（2020）. Systematic review of 'Good Lives' assumptions and interventions. *Aggression and Violent Behavior, 55*, 101510. doi: 10.1016/j.avb.2020.101510

Marshall, W. L., Marshall, L. E., Serran, G. A., & Fernandez, Y. M.（2006）. *Treating sexual offenders: An integrated approach*. New York: Routledge.

野村和孝（2016）．再犯防止を目的とした認知行動療法の現状と課題―健康心理学によるエンパワメントの果たす役割― *Journal of Health Psychology Research, 29*, 95–102.

第８章

阿江竜介・中村好一・坪井 聡・古城隆雄・吉田穂波・北村邦夫（2012）．わが国における自傷行為の実態―2010年度全国調査データの解析― 日本公衆衛生雑誌, *59*(9), 665–674.

Griffin, E., McMahon, E., McNicholas, F., Corcoran, P., Perry, I. J., & Arensman, E.（2018）. Increasing rates of self-harm among children, adolescents and young adults: A 10-year national registry study 2007–2016. *Social Psychiatry and Psychiatric Epidemiology, 53*(7), 663–671.

Hamada, S., Kaneko, H., Ogura, M., Yamawaki, A., Maezono, J., Sillanmäki, L., Sourander, A., & Honjo, S.（2018）. Association between bullying behavior, perceived school safety, and self-cutting: A Japanese population-based school survey. *Child and Adolescent Mental Health, 23*(3), 141–147.

Hawton, K., Lascelles, K., Brand, F., Casey, D., Bale, L., Ness, J., Kelly, S., & Waters, K.（2021）. Self-harm and the COVID-19 pandemic: A study of factors contributing to self-harm during lockdown restrictions. *Journal of Psychiatric Research, 137*, 437–443.

子安増生・丹野義彦・箱田裕司（2021）．現代心理学辞典 有斐閣

Laukkanen, E., Rissanen, M-L., Tolmunen, T., Kylmä, J., & Hintikka, J.（2013）. Adolescent self-cutting elsewhere than on the arms reveals more serious psychiatric symptoms. *European Child & Adolescent Psychiatry, 22*(8), 501–510.

松本俊彦（2012）．自傷行為の理解と援助 精神神経学雑誌, *114*(8), 983–989.

Ougrin, D., Tranah, T., Stahl, D., Moran. P., & Asarnow, J. R.（2015）. Therapeutic interventions for suicide attempts and self-harm in adolescents: Systematic review and meta-analysis. *Journal of the American Academy of Child and Adolescent Psychiatry, 54*(2), 97–107.

Troya, M. I., Babatunde, O. O., Polidano, K., Bartlam, B., McCloskey, E., Dikomitis, L., & Chew-Graham, C. A.(2019). Self-harm in older adults: A systematic review. *British Journal of Psychiatry, 214*(4), 186–200.

Walsh, B. W.(2014). *Treating self-injury: A practical guide* (2nd ed.). Guilford Press.（松本俊彦（監訳）(2018)．自傷行為治療ガイド（第2版） 金剛出版）

第９章

Dennis, C-L., Falah-Hassani, K., & Shiri, R.（2017）. Prevalence of antenatal and postnatal anxiety: Systematic review and meta-analysis. *The British Journal of Psychiatry, 210*, 315–323. doi: 10.1192/bjp.bp.116.187179

堀越 勝（2015）．ケアする人の対話スキルABCD 日本看護協会出版会

きずなメールプロジェクト（2021）．見過ごされてきた「男の産後うつ」。子育てや夫婦関係への影響は？ https://www.kizunamail.com/news/10579/（2021年8月24日閲覧）

Knowell Family（ノーウェル・ファミリー）(online). https://www.ncnp.go.jp/cbt/knowell/（2022年1月7日閲覧）

厚生労働省（2019）．令和元年(2019)人口動態統計の年間推計 https://www.mhlw.go.jp/toukei/saikin/hw/jinkou/suikei19/dl/2019suikei.pdf(2022年1月7日閲覧)
内閣府男女共同参画局（2020）．資料8 DVへの対応について https://www.mhlw.go.jp/content/12201000/000707300.pdf(2022年1月7日閲覧)
Tokumitsu, K., Sugawara, N., Maruo, K., Suzuki, T., Shimoda, K., & Yasui-Furukori, N.（2020）. Prevalence of perinatal depression among Japanese women: A meta-analysis. *Annals of General Psychiatry*, *19*, 41. doi: 10.1186/s12991-020-00290-7
Wenzel, A., & Kleiman, K.（2014）. *Cognitive behavioral therapy for perinatal distress*. Routledge.（横山知加・蟹江絢子・松永美希（監訳）(2018)．周産期のうつと不安の認知行動療法 日本評論社）

第10章

安高真弓（2017）．薬物依存問題を持つ人の家族支援についての文献検討―支援の対象と関連問題に着目して― 社会福祉学, *58*(1), 41–56.
Meyers, R., & Smith, J. E.（1995）. *Clinical guide to alcohol treatment: The community reinforcement approach*. Guilford Press.（吉田精次・境 泉洋（監訳）(2016).アルコール依存のための治療ガイド―生き方を変える「コミュニティ強化アプローチ」[CRA]― 金剛出版）
森田展彰・成瀬暢也・吉岡幸子・西川京子・岡崎直人・辻本俊之（2010）．家族から見た薬物関連問題の相談・援助における課題とニーズ 日本アルコール関連問題学会雑誌, *12*, 141–148.
Morita, N., Naruse, N., Yoshioka, S., Nishikawa., K., Okazaki, N., & Tsujimoto, T.（2011）. Mental health and emotional relationships of family members whose relatives have drug problems. *Japanese Journal of Alcohol & Drug Dependence*, *46*, 525–541.
西川京子（2007）．アルコール・薬物問題を持った家族への支援とソーシャルワーク―自助グループとの連携の中で― ソーシャルワーク研究, *32*(4), 295–301.
NPO法人ナラノンジャパンナショナルサービスオフィス(NSO)(online)．Nar-Anon Family Groups Japan ナラノンファミリーグループジャパン http://nar-anon.jp/index.html
Rychtarik, R. G., Carstensen, L. L., Alford, G. S., Schlundt, D. G., & Scott, W. O.（1988）. Situational assessment of alcohol-related coping skills in wives of alcoholics. *Psychology of Addictive Behaviors*, *2*(2), 66–73.
特定非営利活動(NPO)法人アラノン・ジャパン(online)．Al-Anonアラノン家族グループ http://www.al-anon.or.jp/
辻 由依・青木俊太郎・坂野雄二（2020a）．薬物使用者の家族の行動的特徴 日本心身医学会北海道支部第45回例会抄録集, 8.
辻 由依・青木俊太郎・坂野雄二（2020b）．薬物使用者の家族の認知を測定する尺度の作成 日本アルコール・薬物医学会雑誌, *55*(1), 25–38.
辻 由依・入江智成・河村麻果・坂野雄二（2020）．薬物使用行動に対する家族の理解度―三項随伴性の枠組みに基づく検討― 行動科学, *59*(1), 1–12.

第11章

American Psychiatric Association（2013）. *Diagnostic and statistical manual of mental disorders* (5th ed.). Arlington, VA: American Psychiatric Association.（高橋三郎・大野 裕（監訳）(2014)．DSM-5 精神疾患の診断・統計マニュアル 医学書院）
Fam, J. Y. (2018). Prevalence of internet gaming disorder in adolescents: A meta-analysis across three decades. *Scandinavian Journal of Psychology*, *59*(5), 524–531.

Gong, L., & Rodda, S. N.（2020）. An exploratory study of individual and parental techniques for limiting loot box consumption. *International Journal of Mental Health and Addiction*. doi: 10.1007/s11469-020-00370-5

依存症対策全国センター（2019）．ネット・ゲーム使用と生活習慣に関するアンケート調査結果　https://www.ncasa-japan.jp/pdf/document17.pdf（2021年4月8日閲覧）

Rodda, S. N., Booth, N., Vacaru, M. A., Knaebe, B., & Hodgins, D.（2018）. Behaviour change strategies for internet, pornography and gaming addiction: A taxonomy and content analysis of professional and consumer websites. *Computers in Human Behavior*, *84*, 467–476.

第12章

一般社団法人CARE-Japan（online）．CARE—Child-adult relationship enhancement—　https://www.care-japan.org/（2021年8月24日閲覧）

上河邉　力・金澤潤一郎・大野哲哉・矢野亜由美・館農幸恵（2016）．児童精神科受診患者の養育者が抱える育児ストレスについて　精神医学, *58*(12), 975–982.

加茂登志子（2020）．PCITから学ぶ子育て—1日5分で親子関係が変わる！育児が楽になる！　小学館

中島俊思・岡田　涼・松岡弥玲・谷　伊織・大西将史・辻井正次（2012）．発達障害児の保護者における養育スタイルの特徴　発達心理学研究, *23*(3), 264–275.

PCIT-Japan（online）．https://pcit-japan.com/（2021年8月24日閲覧）

特定非営利活動法人Triple P Japan（online）．http://www.triplep-japan.org/（2021年8月24日閲覧）

山口　薫（2010）．発達の気がかりな子どもの上手なほめ方しかり方—応用行動分析学で学ぶ子育てのコツ—　学研プラス

第13章

Amir, N., Freshman, M., & Foa, E. B.（2000）. Family distress and involvement in relatives of obsessive-compulsive disorder patients. *Journal of Anxiety Disorders*, *14*(3), 209–217.

Domínguez-Martínez, T., Medina-Pradas, C., Kwapil, T. R., & Barrantes-Vidal, N.（2017）. Relatives' expressed emotion, distress and attributions in clinical high-risk and recent onset of psychosis. *Psychiatry Research*, *247*, 323–329.

Hagopian, L. P., Boelter, E. W., & Jarmolowicz, D. P.（2011）. Reinforcement schedule thinning following functional communication training: Review and recommendations. *Behavior Analysis in Practice*, *4*(1), 4–16.

Jonker, L.（2006）. *Resilience factors in families living with a member with a mental disorder*（Doctoral dissertation）. University of Stellenbosch, Stellenbosch.

Miltenberger, R. G.（2001）. *Behavior modification: Principles and procedures*（2nd ed.）. Wadsworth/Thomson Learning.（園山繁樹・野呂文行・渡部匡隆・大石幸二（訳）(2006)．行動変容法入門　二瓶社）

Patterson, J., Williams, L., Edwards, T., Chamow, L., & Grauf-Grounds, C.（2009）. *Essential skills in family therapy: From the first interview to termination*. New York: Guilford Press.（鈴木美砂子（監訳）(2013)．家族面接・家族療法のエッセンシャルスキル—初回面接から終結まで—　星和書店）

Santos, A. F. D. O., & Cardoso, C. L.（2015）. Family members of individuals suffering from mental disorders: Stress and care stressors. *Estudos de Psicologia*（*Campinas*）, *32*, 87–95.

Tiger, J. H., Hanley, G. P., & Bruzek, J.（2008）. Functional communication training: A review and

practical guide. *Behavior Analysis in Practice*, *1*(1), 16–23.
Van Noppen, B., & Steketee, G. (2009). Testing a conceptual model of patient and family predictors of obsessive compulsive disorder (OCD) symptoms. *Behaviour Research and Therapy*, *47*(1), 18–25.

執筆者一覧（執筆順）

横光健吾	編 者	はじめに(共著), 4 章
田中恒彦	編 者	はじめに(共著), 13 章(共著)
中島 俊	国立精神・神経医療研究センター認知行動療法センター	1 章(共著)
宮崎友里	国立精神・神経医療研究センター認知行動療法センター	1 章(共著)
高階光梨	国立精神・神経医療研究センター認知行動療法センター	1 章(共著)
甲田宗良	徳島大学大学院社会産業理工学研究部	2 章
中村 亨	医療法人社団 五稜会病院 札幌 CBT&EAP センター	3 章
村瀬華子	北里大学医療衛生学部・医療系研究科	5 章
瀬在 泉	防衛医科大学校医学教育部	6 章
野村和孝	北里大学医療衛生学部・医療系研究科	7 章
谷口敏淳	一般社団法人 Psychoro	8 章
牧野みゆき	国立精神・神経医療研究センター認知行動療法センター	9 章
辻 由依	札幌学院大学学生相談室	10 章
入江智也	編 者	11 章, おわりに
上河邉 力	カウンセリング&コンサルティングオフィスふぉるつぁ	12 章
姜 静愛	新潟大学大学院	13 章(共著)

編者紹介

横光健吾（よこみつ・けんご）

2014 年　北海道医療大学心理科学研究科博士後期課程修了　博士（臨床心理学）

現　在　人間環境大学総合心理学部　講師

《主著・論文》

ギャンブル依存のための認知行動療法ワークブック（共訳）　金剛出版　2015 年

Gambling symptoms, behaviors, and cognitive distortions in Japanese university students. *Substance Abuse Treatment, Prevention, and Policy*, *14*(1), 51.　2019 年

遠隔心理支援スキルガイド―どこへでもつながる援助―（共著）　誠信書房　2020 年

こころの健康教育ハンドブック―こころもからだも健康な生活を送るために―（共著）　金剛出版　2021 年

Characteristics of gamers who purchase loot box: A systematic literature review. *Current Addiction Reports*, *8*, 481-493.　2021 年

入江智也（いりえ・ともなり）

2020 年　北海道医療大学心理科学研究科博士後期課程修了　博士（臨床心理学）

現　在　北翔大学教育文化学部　准教授

《主著・論文》

さあ！　やってみよう集団認知行動療法―うつ・不安の支援のために―（共著）　医学映像教育センター　2011 年

アディクションサイエンス―依存・嗜癖の科学―（共著）　朝倉書店　2019 年

ACT における価値とは―クライエントの価値に基づく行動を支援するためのセラピストガイド―（共訳）　星和書店　2020 年

The impact of gamblers' behaviors and problems on families and significant others: A scoping literature review. *Journal of Gambling Issues*, *Online First: Issue 49*. 2021 年

田中恒彦（たなか・つねひこ）

2012 年　徳島大学大学院医科学教育部医学専攻（精神医学分野）単位取得満期退学

現　在　新潟大学人文社会科学系教育学系列　准教授

《主著・論文》

公認心理師養成のための保健・医療系実習ガイドブック（編著）　北大路書房　2018 年

Intraday activity levels may better reflect the differences between major depressive disorder and bipolar disorder than average daily activity levels. *Frontiers in Psychology*, *2314*.　2018 年

死産の経験が引き起こすメンタルヘルス問題とその支援―ペリネイタル・ロスケアを中心に―　最新精神医学, *23*(1), 11-19.　2018 年

なるほど！　心理学面接法（共著）　北大路書房　2019 年

「構造」しかない認知行動療法―認知行動療法における面接構造私（試）論―　臨床心理学, *21*(3), 278-282.　2021 年

オンライン心理相談実践のためのガイドライン　精神療法, *47*(3), 303-309.　2021 年

代替行動の臨床実践ガイド

「ついやってしまう」「やめられない」の
〈やり方〉を変えるカウンセリング

2022年 6月20日　初版第1刷発行　〈検印省略〉
2022年12月20日　初版第5刷発行　定価はカバーに表示してあります。

編　者　横光　健吾
入江　智也
田中　恒彦

発行所　㈱北大路書房
〒603-8303　京都市北区紫野十二坊町12-8
電　話　(075) 431-0361㈹
F A X　(075) 431-9393
振　替　01050-4-2083

Printed in Japan
印刷・製本／(株)太洋社
ISBN978-4-7628-3191-1
装幀／野田和浩
落丁・乱丁本はお取り替えいたします。

北大路書房の好評関連書

臨床心理フロンティア
公認心理師のための「心理査定」講義

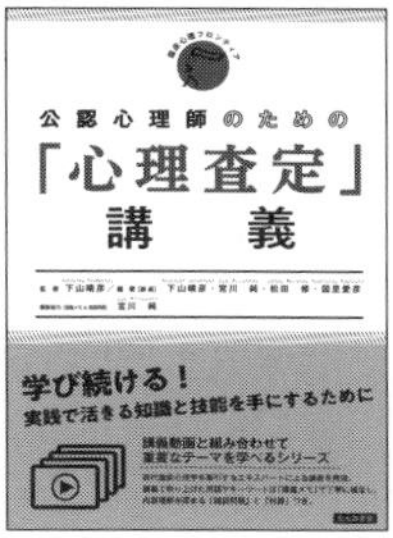

下山晴彦　監修・編著
宮川　純・松田　修・国里愛彦　編著

B5判・224頁・本体3100円＋税
ISBN978-4-7628-3155-3

講義動画と連携し，心理職の基本技能である心理的アセスメントを解説。観察・面接・検査に基づくデータ収集の方法など，心理査定の技法全体を包括的に学ぶ。次にパーソナリティ検査，症状評価尺度，発達検査をはじめ，様々な心理検査法の概要を整理。更には知能検査と神経心理学的検査を臨床場面でどう活用するのかも示す。

臨床心理フロンティア
公認心理師のための「基礎科目」講義

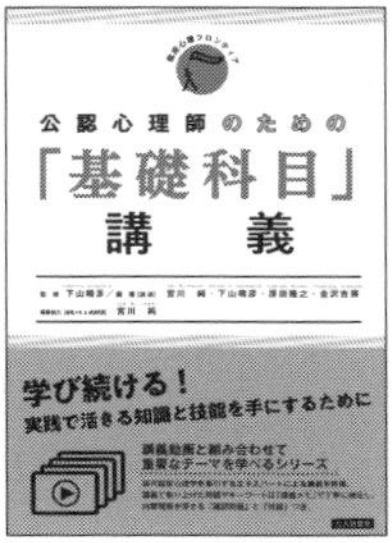

下山晴彦　監修・編著
宮川　純・原田隆之・金沢吉展　編著

B5判・224頁・本体3000円＋税
ISBN978-4-7628-3097-6

心理学や臨床心理学の全体像，エビデンスとは何か，心理師の倫理とは何か。公認心理師としての「下地」を学ぶ上で最適の一冊。現代臨床心理学を牽引するエキスパートによる講義を紙面で再現。講義メモおよび確認問題を付し，自身の習得度をチェック可。講義動画と連携して重要テーマを学べるシリーズ第２弾。

（税抜価格で表示しています。）

北大路書房の好評関連書

認知行動療法における治療関係

セラピーを効果的に展開するための
基本的態度と応答技術

S. ムーリー & A. ラベンダー　編
鈴木伸一　監訳

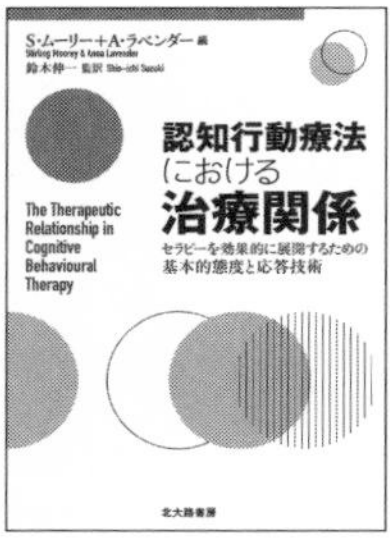

A5判・364頁・本体3400円＋税
ISBN978-4-7628-3131-7

CBT のセラピストにとり，これまで治療関係に対する意識は，他の技能的側面の習得と比べて明らかに低かった。本書では，効果的なセラピーの中核的条件を整理し，セラピストの温かさ，誠実さ，共感性や前向きな姿勢が治療成績に与える様相を詳説。また全体を通じ実際のケースを提示，臨床場面でいかに対応すべきかを示す。

がん患者の認知行動療法

メンタルケアと生活支援のための実践ガイド

S. ムーリー & S. グリア　著
鈴木伸一　監訳

A5判・292頁・本体3600円＋税
ISBN978-4-7628-2921-5

不安や抑うつ，怒りや悲しみの軽減だけではなく，患者が本来もっている「健康的な側面」や「将来に対する前向きな態度」をもう一度活性化させるためにはどうすればよいのか，体系的に解説。患者の成育歴・社会的背景を考慮したセラピーの展開方法や，進行・終末期患者への適用，遺族へのアプローチなど，実践的な内容も網羅。

（税抜価格で表示しています。）